I0148612

Josef Klein

Die kleineren inschriftlichen Denkmäler des Bonner Provinzial-Museums

Josef Klein

Die kleineren inschriftlichen Denkmäler des Bonner Provinzial-Museums

ISBN/EAN: 9783743652088

Hergestellt in Europa, USA, Kanada, Australien, Japan

Cover: Foto ©ninafisch / pixelio.de

Weitere Bücher finden Sie auf **www.hansebooks.com**

Die

kleineren inschriftlichen Denkmäler

des

Bonner Provinzial-Museums.

Von

Josef Klein.

3.

Bonn,

Universitäts-Buchdruckerei von Carl Georgi.

1890.

Die

kleineren inschriftlichen Denkmäler

des

Bonner Provinzial-Museums.

Von

Josef Klein.

———

3.

———

Bonn,
Universitäts-Buchdruckerei von Carl Georgi.
1890.

VIII. Gefässe aus Terra sigillata mit Inschriften.

1. Schälchen. — Gef. zu Bonn.

$$ \wedge \wedge N $$

AD scheinen mit einander ligirt zu sein; jedoch ist die Lesung nicht ganz zweifellos.

2. Schälchen. — Bonn.

$$ \wedge ELI \wedge NVS \qquad \textit{Aelianus.} $$

Beide A ohne Querstrich.

3. Schälchen. — Grimmlinghausen.

$$ \wedge II N $$

Der Stempel ist mit rückläufiger Schrift eingedrückt. Vgl. C. I. L. VII n. 1336, 20.

4. Schälchen. — Pommern an der Mosel.

$$ AFER \cdot FECI///// \qquad \textit{Afer feci[t].} $$

5. a. b. Schälchen. — Bonn.

$$ \text{a. b.} \quad AI\dagger $$

Buecheler, B. Jahrb. LX, S. 76. *Aiti,* wofern der Stempel vollständig ist.

6. Teller. — Bonn.

$$ SEX \cdot \wedge L \cdot $$

7. Schälchen. — Grimmlinghausen.

$$ //) F ALBIN \qquad \textit{Of(ficina) Albin(i).} $$

8. Schälchen. — Bonn.

$$ //// LBVLFI $$

Der erste Buchstabe zerstört; vom letzten Buchstaben, welcher E gewesen zu sein scheint, bloss die Hasta erkennbar.

Wohl *[A]lbul(a) fe(cit)?*

9. Teller. — Bonn, auf dem ehemaligen Exerzierplatz.

ΑΛΕΧΙΑ̣

„Wohl römische Form für 'Αλεξίας". Buecheler, Bonner Jahrb. LX S. 80.

10. Schälchen. — Grimmlinghausen.

ΛLL\/////   Vielleicht *All[i]u(s)?*

11. Schälchen. — Bonn.

ΛLPNIVS·F   *Alp[i]nius fe(cit).*

12. Schälchen. — Bonn.

AL·R

Der letzte Buchstabe kann auch B sein.

13. Teller. — Bonn.

OFI·C·M

14. a. Schale. — Andernach.
  b. Schälchen. — Bonn.
  c. Schälchen. — Billig.
  d. Schälchen. — Bonn.
  e. Teller. — Bonn.
  f. Teller. — Neuss, Bahnhof.
  g. Teller. — Grimmlinghausen.

    a. ΛMΛBILIS F   *Amabilis f(ecit)*
    b. ΛMΛBILIS
    c. ΛMΛBIΛI
    d. ΛMΛBIΛI·
    e. ΛMΛBIL   } *Amabilis*
    f. ΛMΛBII////
    g. ΛMΛBII////

15. Tasse. — Bonn.

OF ΛMO

Der Rest des Stempels nicht ausgeprägt. Vielleicht *Of(ficina) Amoeni* (C. I. L. XII, 5686, 40) oder *Amoris* (Schuermans Sigles figulins n. 287. 288)?

16. Schälchen. — Bonn, Heerstrasse.

APEꓤ   *Aper.*

ꓤ hat keinen Verticalstrich.

17. a. Verzierte Schale. — Bonn.
  b. Teller. — Grimmlinghausen.
  c.   „   „
  d.   „   „
  e.   „   Bonn.

f. Teller. — Bonn.

g. Schälchen. — Bonn.

h.   „   Grimmlinghausen.

i. Teller.   „

k. Schälchen.   „

l.   „   Bonn.

m. Teller. — Grimmlinghausen.

    a. O F · A Q V I T N I ⎫

    b. O F A Q V I T N I ⎪

    c. O F A Q V I T N I ⎬ *Of(ficina) Aquitani*

    d. O F A Q V I T A N ⎪

    e. f. O F A Q V I T ⎭

    m. O F A Q V I N

    g. A Q V I T A N

    h. A Q V I T A N

    i. ////A Q V TV

    k. A G V I I

    l. A Q V//////// ·

d. Aussen ein kleiner Zweig eingeritzt.

f. Schaaffhausen, B. Jahrb. LXXXI, S. 197. — Auswärts
FVI eingeritzt.

i. der Anfang des Stempels ist abgebrochen, ebenso bei l der
Schluss.

m. Das 6. Zeichen, welches wie I aussieht, war jedenfalls ein
mit I ligirtes T in Gestalt eines Kreuzes.

18. Schälchen. — Bonn.

A R C · O F

Vgl. C. I. L. VII n. 1336, 88, wo Huebner *Arc(helai?) of-
(ficina)* vermuthet hat.

19. a. Ornamentirte Schale. — Andernach.

b. Schälchen. — Kreuznach.

c. Schälchen. — Bonn.

    a. O F · A R D A C I · ⎫

    b.   O · A R D A//// ⎬ *Of(ficina) Ardaci*

    c.   O · A R D ⎭

20. Teller. — Andernach.

A E I   *Atei.*

Koenen, B. Jahrb. LXXXVI, S. 161.

21. Ornamentirte Schale. — Grimmlinghausen.

Ҟ·ΛΤΙΝΝΙ///// zwischen den Ornamenten in rückläufiger Schrift. Der Rest des Stempels abgebrochen. — *L. Atinni[us]?*

22. a. Teller. — Bingerbrück.
    b.   „   — Andernach.
    a. ΑΠΑ } *Atta*
    b. ΛΤΤΛ }
23. Schale. — Bonn.
              ΑΠΙΙ   Ob *Attii?*
24. a. Kumpiges Schälchen. — Andernach.
    b. Schälchen. — Bonn.
    a. ΛΤΤΙΜ } *Atti man(u)*
    b. ΑΤΤΙ·ΜΑΝ }
    a. Λ und Μ nur schwach erkennbar.
25. Schale. — Bonn.
         ΑΤΤΙΛVS   *Attianus*
    AN in einem Zeichen ligirt; S rückläufig gebildet.
26. a. Grosse flache Schüssel. — Andernach.
    b. Kleinere flache Schüssel. — Andernach.
    a. ΛΠΙΛΙΙ 3 mal wiederholt
    b. ΛΠΙΛΤΙ 3 mal wiederholt.
27. Glatter Teller. — Andernach.
        ΑVCΙLΙ◦   *Aucili o(fficina)*
    O am Ende des Wortes sehr klein gebildet.
28. Teller. — Bonn.
        ΑVGVSTΑLS   *Augustalis.*
29. Flache Schüssel mit Lotosblattverzierung auf dem Rande. — Köln.
           ΛVΙΙ///// Oⁱᴵᴵ
    Wahrscheinlich *Avit[i] of(ficina)?*
30. a. Schälchen. — Bonn.
    b. Schälchen. — Bonn.
    c. Teller. — Bonn.
    a. ΛVLΙ   *Auli*
    b. ΛVҞ//// O   *Auli o(fficina)*
    c. ΛV'/////S FEC   *Aul[u]s fec(it).*
31. Schälchen. — Bonn.
        ΛVNΙ·Μ   *Auni m(anu).*
    Buecheler, B. Jahrb. LX, S. 77.
32. Teller. — Andernach.
        ΑVΕΤΕDC////

33. Schale. — Bonn.

      ΛVVSIE   *Avus fe(cit)?*

34. Ornamentirte kumpige Schale. — Andernach.

      BALBVS·F   *Balbus f(ecit).*

   Koenen, B. Jabrb. LXXXVI, S. 162 Taf. VI, 16.

35. a. Schälchen. — Bonn.

   b. Flacher Teller. — Iversheim.

   c. Schälchen. — Bonn.

   d. Schälchen. — Flamersheim bei Rheinbach.

   e. Schälchen. — Bonn.

   f. Teller. — Grimmlinghausen.

   g. Teller. — Bonn.

   h. Teller. — Bonn.

   i. Schälchen. — Bonn.

   k. Schälchen. — Bonn.

   l. Teller. — Bonn.

   m. Schälchen. — Köln.

     a. BASSI   *Bassi*

     b. BASSVS   *Bassus*

     c. BAS////

     d. BASS

     g. h. l. OF BASSI   ⎫

     e.   OE BASSI   ⎪

     f. m. OF BASSI   ⎬ *Of(ficina) Bassi*

     k.   OF BASSI//// ⎪

     i.   OF BASS   ⎭

     a. und g. Im Boden X eingeritzt.

     d. Das Ende des Stempels nicht ausgeprägt.

     e. F hat das Aussehen von E.

     f. Unter dem Boden LVE eingekratzt.

     k. l. Buecheler, B. Jahrb. LX, S. 77..

36. a. Grosse flache Schüssel. — Mehrum bei Voerde.

   b. Schälchen. — Bonn.

     a. OF BASSI·CO ⎫

     b. OF BASSIC   ⎬ *Of(ficina) Bassi Co . . . .*

37. Schälchen. — Neuss, Bahnhof.

     :BELINICCI: *Belinicci*

   Ausserhalb ist DIDI eingekratzt.

38. Schälchen. — Bonn.

      BIΛB

39. Teller. — Bonn, Martha's Hof.

      Θ F I C B I L I C A T   *Offi(cina) Bilicat(i)*

40. Flacher Teller. — Köln, Aachener Strasse.

      B I O F E c   *Bio fec(it)*

    C kleiner als die übrigen Buchstaben gebildet.

41. Schälchen. — Bonn.

      BC////|||||||/OIVS   *Bo[e]otus?*

Nach B der Buchstabe war O; darnach kann ein Buchstabe fehlen. — Das zweite O ist kleiner gebildet; die obere Hälfte der folgenden beiden Buchstaben ist nicht zum Ausdruck gelangt.

42. a. Schälchen. — Andernach.

    b. Teller. — Bonn.

      a. B O R I V S ⎫
                 ⎬ *Borius*
      b. Θ O R I V S · ⎭

    b. In O deutlich ein Punkt erkennbar.

43. a. Schälchen. — Bonn.

    b. Schüssel. — Bonn.

    c. Schälchen. — Bonn.

    d. Teller. — Bonn.

      a. ⠒B O V D V S F ·⠒ ⎫
      b. B O V D V S F   ⎬ *Boudus f(ecit)*
      c. B O V D V S Ⱶ   ⎭

    d. ///O V D V S K E in rückläufiger Schrift.

44. a. Teller. — Bonn.

    b. Schälchen. — Grimmlinghausen.

      a. ∴ O F · L C · V I R I L · ∴
      b. ⁃: O F L C V I R I L I :·

Off(icina) L. C. . . . . . Virili(s).   Vgl. C. I. L. VII. 1336, 346. Vgl. No. 362 dieser Sammlung.

45. Flacher Teller. — Andernach.

      C · A E S I   *Caesi*

Von C ist bloss der obere Theil zum Vorschein gekommen. Nach I scheint noch ein Buchstabe gestanden zu haben. CAESTI las Koenen, B. Jahrb. LXXXVI, S. 161.

46. Teller. — Bonn.

      · O F C Λ

Der Rest des Stempels nicht ausgeprägt.

47. Teller. — Bonn.

O F C A I   *Of(ficina) Cai.*

48. Teller. — Billig.

C A L|/|/|/

Der Schluss des Stempels ist abgebrochen.

49. Teller. — Bonn.

C A L A V A · F   *Calava f(ecit)*

Vgl. C. I. L. VII n. 1336, 208. Schuermans, Sigles n. 981.

50. Schälchen. — Bonn.

C A L V I N V S · ⵏ   *Calvinus f(ecit)*

51. a. Schälchen. — Bonn.

    b. Verzierte Schale. — Bonn.

    c. Teller. — Bonn.

    d. Teller. — Bonn.

    e. Schälchen. — Grimmlinghausen.

    f. Teller. — Bonn.

    g. Teller. — Kreuznach.

    h. Schälchen. — Bonn.

    i. Schälchen. — Grimmlinghausen.

    k. Teller. —   "

    l. Schälchen. —   "

      a. C A L V I · ⎫

    b. i. C A L V I · / ⎬ *Calvi m(anu)*

      l. C A L V I · / ⎭

  c. d. e. O F C A L V I ⎫

     f. O F C A L V I |

     g. O F · C A L V I ⎬ *Of(ficina) Calvi*

     k. O F · C A L V|/|/| |

     h. |/|/| C A L V I ⎭

    b. i. der Rest des M ist nicht zum Ausdruck gelangt. Buecheler, B. Jahrb. LX, S. 83.

    d. Auswärts hart am Rande C A F A T I eingeritzt.

    h. Der Anfang des Stempels fehlt.

    i. Auswärts am Boden V R B A N I eingeritzt.

    k. Nach V der Stempel abgebrochen.

    l. A mit schiefem von links nach rechts aufsteigendem Querstrich.

52. Schälchen. — Bonn.

C A M V L L I X V S   *Camullixus*

Vgl. Schuermans, Sigles n. 1029.

53. Schälchen. — Bonn.

     O F S E X C ᴧ   *Of(ficina) Sex. Can(i?)*
54. Teller. — Andernach.

                    C ᴧ N L O ſ
     K o e n e n, B. Jahrb. LXXXVI S. 167, Taf. V, 50.
     ſ am Ende mit cursivem Charakter. — K o e n e n hat SOINVO
gelesen, jedenfalls unrichtig.

55. Schälchen. — Bonn.

          C A P I T O   *Capito*
56. Flacher Teller. — Unbekannten Fundorts.

          C A R I I V I I ·   Ob *Carini?*
     Vielleicht gehört der Verticalstrich nach dem 4. Buchstaben
zum folgenden Buchstaben, so dass er für N anzusehen ist.

57. Schälchen. — Bonn.

          C ᴧ R I S I O   *Carisi o(fficina)*
58. a. Teller. — Bonn.
     b. Schälchen. — Bonn.
     c. Schälchen. — Bonn.

     a. C A S S I   *Cassi*
     b. C ᴧ S S I V S F }
     c. C ᴧ S S I V///// } *Cassius f(ecit)*

59. a. Grosse Schüssel. — Kreuznach.
     b. Grosse flache Schüssel. — Mehrum bei Voerde.

     a. C A S T V S,F   *Castus f(ecit)*
     b. O F F C A S T I   *Off(icina) Casti*

60. Schälchen. — Bonn.

          ꟼ C ᴧ T o   *[O]f(ficina) Cato(nis)*
     Das erste Zeichen scheint ein rückläufiges F zu sein.

61. Schälchen. — Bonn.

          —C A T V S F   *Catus f(ecit)*
     Vor dem C in der Mitte des Buchstabens ein horizontaler Strich.

62. Schale. — Bonn.

          C A T V S\ᴧ L I S F   *Catusualis f(ecit)*
     Vgl. C. I. L. VII n. 1336, 476.   S c h u e r m a n s n. 1181.

63. Teller. — Bonn.

          Γ E I S //ᴧ///   Ob *Cels[i]n[us]?*
64. a. Teller. — Bonn.
     b. Kumpiger Teller. — Asberg bei Moers.

a. CILSINVSΓ   *Celsinus f(ecit)*
b. CELSINV   *Celsinu(s) m(anu)*
   W
a. Ob der zweite Buchstabe E oder I war, ist nicht sicher.
b. Der ganze Stempel sehr abgerieben.

65. Schälchen. — Bonn.

OFC·EN

Von den Buchstaben OF sind bloss die unteren Hälften erhalten. — Vgl. Schuermans, n. 1242.

66. Teller. — „Am guten Mann" bei Urmitz.

OF·C·N·CEI   *Of(ficina) Cn .... Ce[lsi]?*

Vgl. Schuermans n. 1229.

67. Schale. — Fundort unbekannt.

CEN/////////////

Der Rest des Stempels mit dem hinteren Verticalstrich des N
abgebrochen.

68. a. Teller. — Unbekannten Fundortes.
    b. Teller. — Billig.
        a. OFCEN
        b. OFCⵏN
    b. Bei E fehlt der mittlere Querstrich.

69. a. Teller. — Köln.
    b. Teller. — Bonn.
    c. Teller. — Grimmlingbausen.
        a. b. OFCENS   *Of(ficina) Cens(orini)*
        c. OFCENS   Aussen BΛ eingeritzt.
    c. Die untere Hälfte der Buchstaben OFCE fehlt jetzt.

70. Schälchen. — Bonn.

OFICCER

71. Tasse. — Trier.

CERDO   *Cerdo*

Die Querstriche des E durch zwei übereinandergesetzte kleine
vertikale Striche neben der Hasta des Buchstabens angedeutet. Das
Rund des R bildet eine gerade Linie.

72. Schälchen. — Grimmlingbausen.

ꟽ·CERE   *M. Cere(alis?)*

ꟽ hat das Ausseben von zwei neben einander gestellten unten
offenen O. — Der Rest des Stempels nicht ausgeprägt.

73. Teller. — Remagen.

C E R I A L I Λ Λ   *Ceriali(s) ma(nu)*

74. Schälchen. — Remagen.

C I / / / / K I K

CI und das erste K deutlich, alles Uebrige zweifelhaft.

75. Grosse flache Schüssel. — Trier.

C I C Λ R V   *Cicaru(s)*

Der Stempel ist dreimal eingedrückt.

76. Flache Schüssel. — Unbekannten Fundortes.

C I N T / / / / / /

Die Hasta des T unten abgebrochen mit dem Schluss des Stempels.

77. Schale. — Gellep.

C I N T V G N A T V   *Cintugnatu(s)*

W. Schmitz, Bonn. Jahrb. XXXVIII, S. 167 n. 11.

78. Flache Schüssel. — Bonn.

C I R R V S F   *Cirrus f(ecit)*

79. Grosse flache Schüssel. — Andernach.

C I R V C A dreimal wiederholt *Ciruca*

CΛ sehr nahe an einander gerückt. Koenen, Bonn. Jahrb. LXXXVI, S. 155 Taf. V, 14 u. S. 160.

80. a. Schälchen. — Bonn.
   b. Schälchen. — Bonn.

   a. C K E M E N S F ⎫
   b. / / / / L E M E N S / / / ⎬ *Clemens f(ecit)*
                             ⎭

   b. Der Stempel ist vorne und am Schluss verstümmelt.

81. a. Schälchen. — Bonn.
   b. Schälchen. — Bonn.
   c. Tasse. — Bonn.

   a. b. c. C O C V S F   *Cocus f(ecit)*

82. Flache Schale. — Bonn.

/ / / / O C C V F   *[C]occus f(ecit)*

83. a. Schale. — Grimmlinghausen.
   b. Schälchen. — Bonn.

   a. b. O F C O E L I   *Of(ficina) Coeli*

84. Schälchen. — Bonn.

C O M I I I Λ   *Comi[t]ia(lis)*

I nach M kleiner gebildet; der Horizontalstrich des T nicht zu erkennen.

85. a. Schälchen. — Bonn.
    b. Teller. — Andernach.
    c. Schüssel. — Bonn.

      a. C O M V S Γ
      b. ⁞C O M M V S F⁞ }   *Commus f(ecit)*
      c. C O M M V S F

    c. Buecheler, Bonn. Jahrb. LX, S. 80.

86. Schälchen. — Bonn.

      C O R I S O · F //////   *Coriso f(ecit)*

    Vgl. Kamp, Die epigr. Anticaglien in Köln, S. 5 u. 31.

87. a. Schale. — Bonn.
    b. Teller. — Grimmlinghausen.

      a. O F C O · I V c
      b. O F C O · I V ///

    a. C am Ende des Wortes kleiner gebildet als die übrigen Buchstaben.

    b. Auswärts unter dem Boden eingeritzt: VALIINTIS MATRI

88. Schälchen. — Bonn.

      C O S /////

    Buecheler, Bonn. Jahrb. LX S. 77, welcher an *Cos[ilus]* dachte.

89. Schälchen. — Bonn.

      O F C O S //////

90. Schale. — Bonn.

      ///Γ · C O S I ΛI

    S rückläufig gebildet. — Der Stempel scheint unvollständig zu sein. Ob *Cosinii?*

91. Flache Schale mit Lotosblattverzierung am Rande. — Bonn.

      C O S T V T V S   *Costutus*

    Buecheler, Bonn. Jahrb. LX S. 85.

92. Teller. — Bonn.

      C O S I V T I ΛE M   *Costutiae m(anu)*

    Die oberen Theile des Zeichens hinter S sowie des A und E sind nicht ausgeprägt. Von C ist bloss die untere Rundung erhalten; S ist kleiner als die übrigen Buchstaben. Das darauf folgende Zeichen, welches nicht ganz ausgeprägt ist, scheint T zu sein.

93. Schälchen. — Bonn.

      C O T T I   *Cotti*

94. Tasse. — Bonn.

        Ɔ R A C V N A E   *Cracunae*

95. Teller. — Bonn.

        O F C R E//////////

Das Ende des Stempels ist abgebrochen.

96. a. Teller. — Bonn.

   b. Teller. — Bonn.

   c. Schälchen. — Grimmlinghausen.

     a. C R E S ‹

     b. O F · C R E S

     c. ///F C R E ? in rückwärts laufender Schrift.

   c. Von F sind bloss die beiden Horizontalstriche erhalten. —
S schlecht ausgeprägt.

97. Schälchen. — Bonn.

        O F C R E S T   *Of(ficina) Crest(i)*

Die beiden letzten Buchstaben sind nicht ganz deutlich erkennbar.

98. Schälchen. — Bonn.

        C R E S T I   *Cresti*

99. a. Schale. — Bonn.

   b. Schale. — Grimmlinghausen.

     O F C R E S T I O

     Ɔ F C R E S T I ꞕ   } *Of(ficina) Crestio(nis)*

100. Tellerchen. — Bonn.

        C R I S P I · ᴧᴧ ·   *Crispi ma(nu)*

101. Schälchen. — Bonn.

        C R ᴧ in rückläufiger Schrift.

102. Schälchen. — Grimmlinghausen.

        O F C V I

Der Rest des Stempels ist nicht ausgedrückt.

103. Schale. — Bonn.

      O F C V ᴧ N I · M   *Of(ficina) Cum[a]ni m . . . .*

Ob in beiden M zugleich A ausgedrückt ist, ist nicht ganz
sicher zu entscheiden.

104. a. Schälchen. — Billig.

   b. Schälchen. — Bonn.

   c. Schälchen. — Bonn.

     a. b. C V P I T V S   *Cupitus*

     c. C V P I T V S F   *Cupitus f(ecit)*

c. Der Buchstabe S ist rückläufig gebildet. — Auswärts P eingeritzt.

105. Schälchen. — Grimmlinghausen.

O⊣IDΛ   *Of[f]i(cina) Da* . . . . .

Die beiden ersten Buchstaben nahe zusammengerückt. Der Rest des Stempels ist nicht ausgeprägt. Der zweite Buchstabe scheint ein rückläufiges F zu sein.

106. a. Grosse flache Schüssel. — Andernach.

b. Desgleichen.   ⁿ

a. b. DACCVS   *Daccus*

Beide Stempel dreimal wiederholt; in beiden ist S rückläufig gebildet.

a. Koenen, Bonn. Jahrb. LXXXVI S. 165.

b. Koenen a. a. O. S. 166.

107. Flache Schale. — Bonn.

DAGΘMARVS F   *Dagomarus f(ecit)*

Buecheler, Bonn. Jahrb. LX S. 85.

108. Mit Delphinen verzierte Schale. — Bonn.

Auf der Wandung:

///ƆCXTRI   *Dextri*   ·

In rückläufiger vertiefter Schrift. Buecheler, B. Jahrb. LX S. 80.

109. Flacher Teller. — Andernach.

D///\MIO   *Dami (?) o(fficina)*

Das Rund des D ist von der Hasta losgelöst. Das folgende Zeichen, von dem jetzt bloss ein von rechts nach links hinabgehender schräger Strich sichtbar ist, scheint A zu sein. Also wohl DAMI *O(fficina)?*

110. Tasse. — Bonn.

ƆLMIOF

Das erste Zeichen scheint der Rest eines D zu sein, das zweite ist vielleicht ein verstümmeltes E.

111. Kleine Schale. — Andernach.

DISETVSF   *Disetus f(ecit)*

Derselbe Stempel bei Duncker, Das Römercastell bei Rückingen, Hanau 1873, S. 36, 12.

112. Flache Schüssel. — Andernach.

DIΛXTVI dreimal wiederholt

Div[i]xtu[s] f(ecit)?

113. Schälchen. — Bonn, Münsterplatz.

DOCCALI   *Doccali*

114. a. Schälchen.
     b. Schälchen.
     c. Schälchen.   } Bonn.
     d. Schälchen.

a. OFDONTI   *Of(ficina) Donti*
b. DONTIOIIIC
c. d. DONTIOIIICI } *Donti offici(na)*

a. I kleiner als die übrigen Buchstaben.   Auf der Aussenseite ⋋ eingeritzt.

115. Kumpiger Teller. — Heddesdorf bei Neuwied.

DRAPPVSI   *Drappus f(ecit)*

116. Schälchen. — Bonn.

IIKIVI///

117. Kleiner Teller. — Bonn.

ERDICOF   *Erdico f(ecit)*

Buecheler, Bonn. Jahrb. LX S. 77.

118. Schälchen. — Bonn.

OF·FACER   *Of(ficina) Facer(i?)*

119. Kumpiger Teller. — Bei Engers.

OF·FAGE·   *Of(ficina) Fage(ri?)*

Auswärts × X eingeritzt.

120. Schälchen. — Bonn.

oFEL   *O(fficina) Fel(icis)?*

O kleiner als die übrigen Buchstaben gebildet.

121. a. Teller. — Bonn.
     b. Teller. — Remagen.
     c. Schälchen. — Bonn.
     d. Flacher Teller. — Unbekannten Fundortes.

a. FELICIOH
b. FELICIOⱯ } *Felicion(is)*
c. FELICIO·F
d. FELICIoFE } *Felicio fe(cit)*

a. N rückläufig gebildet, ebenso im Exemplar b, wo die zweite Hasta jetzt fehlt.

d. O kleiner als die übrigen Buchstaben.

122. Schälchen. — Grimmlinghausen.

OFFEICIS   *Of(ficina) Felicis*

E und L scheinen zu einem Zeichen verbunden zu sein. Vgl.
C. I. L. VII n. 1336, 452 a.

123. Schälchen. — Grimmlinghausen.

FELIX·SEv   *Felix Sev.....*

V ist kleiner als die übrigen Buchstaben. Vgl. C. I. L. XII,
5686, 359.

124. Schale. — Bonn.

ΓIISIV////   *Festu(s)*

F in cursiver Schrift durch einen gekrümmten Seitenstrich
neben der Hasta bezeichnet.

125. Schälchen. — Bonn.

ζ-STVS·F

Der eben sichtbare Rest eines Buchstabens scheint zu einem
E gehört zu haben. Daher vielleicht *[Fe]stus f(ecit)* zu lesen ist.

126. Schälchen. — Bonn.

›FIC///oIvS‹

O kleiner. — Von den beiden auf O folgenden Buchstaben
ist die obere Hälfte nicht ausgedrückt.

127. Schale. — Bonn.

ΓIRMINVS‹ΓE   *Firminus fe(cit)*

Der untere Theil der Hasta des ersten F fehlt, ebenso der
mittlere Querstrich bei beiden F. S ist rückläufig gebildet.

128. Schälchen. — Grimmlinghausen.

ΗIRMO   *Firmo*

Der oberste Horizontalstrich des F nicht vorhanden. Vgl.
C. I. L. VII, 1336, 459. XII, 5686, 363.

129. Teller. — Grimmlinghausen.

OFIRMONS   *O(fficina) Firmonis*

130. Kumpige Schüssel. — Bonn.

FL•RE///////VSF   *Flore[nti]nus f(ecit)*

131. Flacher Teller. — Andernach.

P·FLOS   *P. Flos*

Der Stempel ist in einem Kreise, in dessen Mitte ein starker
Punkt sich befindet, geschrieben.

132. a. Tiefer Teller. — Grimmlinghausen.

b. Teller. — Bonn.

c. Schälchen. — Bonn.

d. Schälchen. — Bonn.

e. Teller. — Remagen.

f. Teller. — Bonn.

g. Schüssel. — Grimmlingbausen.

a. (F) F R O N † N
g. (F) F R O N † N ı
b. O F R ∘ N T N I
c.) ı / / / /) N T I N O O   O(fficina) Frontini
d.) F R O N T ı ı
e. (F) F R O N I N̄
f.) F R O N T ı   Auswärts ein Stern eingeritzt.

b. Das zweite O ist nur durch einen starken Punkt darge-
stellt, I nach T fehlt.

c. Die vordere Hälfte des O ebenso wie zu Anfang bei d und
f nicht ausgeprägt. — Die Querstriche von F sowie R und die vordere Hälfte des folgenden O durch ein Loch im Boden zerstört.

d. Vom zweiten N ist bloss die erste Hasta ausgedrückt.

f. I am Schlusse ist kleiner als die übrigen Buchstaben gebildet.

133. Schälchen. — Bonn.

/ / / ʀ O N ı / / / / / / /

Der vorne und am Schluss unvollständige Stempel kann so·
wohl ƒRONTinus als auch ƒRONTO sein.

134. a. Schälchen. — Bonn.

b. Schälchen. — Bonn.

c. Ornamentirte Schale. — Bonn.

a. F R O N̄ O
b. F R O N̄ O   Fronto
c. O F · F R N̄ O N I S   Of(ficina) Frontonis

b. Die untere Schleife des R ist sehr stark an die Hasta des
Buchstabens gedrückt. — Auswärts V eingekratzt.

c. O nach R nicht vorhanden; N, welches kaum sichtbar ist,
scheint mit T ligirt zu sein.

135. a. Schälchen. — Bonn.

b. Schälchen. — Bonn.

a. F V S C I
b. F V S ∩ / / / /   Fusci

b. Auswärts ist χ eingeritzt.

136. . Schälchen. — Kaerlich.

G A B R I L L V S   Gabrillus

137. Schälchen. — Bonn.

GFMINV   *Geminu(s)*

Auswärts ΛIIΛI ·· *Aeli*, darüber zwei X eingekratzt. Der unterste Horizontalstrich des E fehlt jetzt.

138. Teller. — Bonn, Coblenzer Strasse.

CENIΛ in rückläufiger Schrift, *Genia(lis)?*

139. Teller. — Bonn.

CENIΛFF   *Genia(lis?) fe(cit)*

140. Schale. — Bonn.

GIINITORF   *Genitor f(ecit)*

Klein, Bonn. Winkelmannsprogr. 1888 S. 40.

141. a. Teller. — Bonn.
    b. Teller. — Grimmlinghausen.
    c. Schälchen. ⎫
    d. Schälchen. ⎬ Bonn.
    e. Schälchen. ⎭

    a. CERMNI auswärts X eingekratzt.
    b. GERMN ⎫
    c. CEhMN ⎪
    d. CERMN ⎬ *Germani*
    e. CERM ⎭

Bei a. c. d. e. scheint das erste Zeichen eher C als G zu sein.

142. a. Tasse, oben ausladend. — Köln.
    b. Teller. — Bonn.
    c. Teller. ⎫
    d. Tasse, oben ausladend. ⎬ Asberg bei Moers.

    a. b. GIΛMΛT·F   *Giamatus f(ecit)*
    c. GIΛMΛ//////
    d. CI///////////////OF   *Gi[amati] of(ficina)*

b. Klein, a. a. O. S. 40. d. Der mittlere Theil des Stempels abgeblättert.

143. Schälchen. — Bonn.

GNΧI   *Gnati*

144. Schälchen. — Bonn.

GIIΛT

Der zweite Buchstabe scheint N zu sein. Ob *Gnat(i)?*

145. Schälchen. — Grimmlinghausen.

IΛNV

Der Stempel scheint nicht vollständig zum Abdruck gelangt
zu sein. Wohl *Ianu[arii?)*

146. a. Teller. }
    b. Teller. } Bonn, am Viehweg.

     a. I A N V A R I V////   *Ianuariu[s]*
     b. //A N V A R I V S · F   *Ianuarius f(ecit)*
 a. Der Buchstabe am Schlusse abgebrochen.
 b. I am Anfang des Stempels ausgebrochen.

147. Grosse flache Schüssel. — Andernach.

       I M O V dreimal. Ob *Nonni?*

Koenen, B. Jahrb. LXXXVI S. 166.

148. a. Flacher Teller. }
    b. Flacher Teller. } Andernach, Martinsberg.
    c. Tasse. }

     a. b. I N D }
         V I F C } in rückläufiger Schrift.
     c. I N D
         Ͻ I I V die zweite Zeile in rückläufiger Schrift.

 a. b. Das N ist aufgelöst in Λ und I, die am Fusse etwas von
einander abstehen. — Der Horizontalstrich des T ist bei beiden
Exemplaren nicht erkennbar. — *Indut(us) f(e)c(it)*.

149. Flacher Teller. — Andernach.

       D V R V
       ᘔΛVOI

Koenen, B. Jahrb. LXXXVI S. 171.

Die Zeichen zu Anfang der 2. Zeile scheinen O und V in Ligatur zu sein.

150. Schälchen. — Grimmlinghausen.

       I ʃ Λ Λ

Der Stempel ist nicht ganz ausgedrückt, S hat cursive Form.

151. a. Schälchen. }
    b. Schälchen.
    c. Schälchen.
    d. Teller.
    e. Schale. } Bonn.
    f. Schälchen.
    g. Teller.
    h. Schälchen.
    i. Schälchen. }

k. Schälchen. ⎫
l. Schälchen. ⎬ Bonn.

m. Schälchen. ⎫
n. Schälchen. ⎪
o. Schälchen. ⎬ Grimmlinghausen.
p. Teller. ⎪

    a. I V C V ND I ⎫
    n. I V.C V ND ⎪
    b. //V C V N D · ⎬ *Iucundi*
    c. ///V C V ND ⎪
    o. I V C V N////// ⎭
    d. - O F I V C V N D I - ⎫
    e. O F I V C///N D I ⎬ auswärts X eingeritzt.
    f. C I V C V ND ⎪
  g.—l. O F · I V C V N ⎬ *Of(ficina) Iucundi*
    p.) F I V C V N   auswärts I/\ eingekratzt.
    m. O F I V C V N D ⎭

d. u. e. Auswärts X eingekratzt.

  e. C ist nur sehr schwach, das folgende V gar nicht zum Vorschein gekommen.

  p. Die vordere Hälfte der Rundung des O ist nicht ausgeprägt, ebenso der Rest des Stempels. •

152. Teller. — Bonn.

    I V I////I V S F E   *Iulius fe(cit)*

153. Schälchen. — Andernach.

    ////I B I V I R/ T I C

Der Stempel ist vorne zerstört. Der Querstrich des 5. Buchstaben L ist nicht zu erkennen. Ob *[T]ib(erii) Iul(ii) Rutic(i)?*

154. Schälchen. — Köln.

    I V L I V S T Γ   *Iulius fe(cit)*

155. Schälchen. — Unbekannten Fundorts.

    I V I O I   Ob *Iul(i) of(ficina)?*

Auswärts V eingeritzt.

156. Teller. — Grimmlinghausen.

    I V N I I I

157. Tellerchen. — Unbekannten Fundortes.

    I V ⌐ A S
      ///

Ob der dritte Buchstabe, dessen untere Hälfte undeutlich ist,

C oder S ist, lässt sich nicht entscheiden, ebenso nicht, ob das
erste Zeichen I oder L ist.

158. Schale. — Grimmlinghausen.

IVSTVS ⅃   *Iustus f(ecit)*

Auswärts X eingeritzt.

159. Schälchen. — Bonn.

IVS·TI'

Ob *Iust(us) f(ecit)*? F hat cursive Bildung durch Seitenstrich
neben der Hasta. — Oben im V sowie zwischen S und T ein deut-
licher Punkt.

160. Teller. — Grimmlinghausen.

IVSTI   *Iusti*

161. Schale. — Bonn.

IVVIINIS   *Iuvenis*

162. a. Schälchen. }
     b. Teller.   } Bonn.

    a. LABϜ   *Labeo*
    b. //////ͻEOFIIC   *[La]beo fec(it)*

a. Buecheler, B. Jahrb. LX S. 77.

163. Teller. — Grimmlinghausen.

OFLABIO   *Of(ficina) Labionis*

164. Schale. — Bonn.

LATINA

Der Querstrich des T ausnehmend klein. Ob *Latinu[s]*?

165. a. Schale.   }
     b. Schälchen. } Bonn.
     c. Schälchen. — Grimmlinghausen.

    a. ///LENTVLI }
    b. LENTⱳ/I   } *Lentuli*
    c. /////ᴺTVLI }

c. Die vordere Hälfte des Stempels abgebrochen, I schwach
erkennbar.

166. a. Schälchen. }
     b. Teller.   } Bonn.

    a. LIINTVIIIII
    b. /////NTVLIIII   Auf der Rückseite des Bodens
SIIVIIRIVI//////// eingeritzt.

Wohl *Lentuli m(anu)*?

167. Schälchen. — Bonn.

       ᛚIPVCᛘ   *Lipuca*

168. Schale. — Bonn.

       LITVCIINI   *Litugeni*

Buecheler, B. Jahrb. LX S. 77.

169. a. Teller. — Beulich, Kr. St. Goar.

   b. Schälchen. — Bonn.

   c. Teller. — Grimmlinghausen.

     a. LOGIRNı   *Logirni*

     b. ᛚGIRN   *L(o)girn(i)*

     c. LOGı///NM   *Logirn(i) m(anu)*

   c. Von I ist nur die untere Hälfte erhalten, R durch Bruch ganz zerstört.

170. Schale. — Bonn.

       LOLLIVSF   *Lollius f(ecit)*

Auswärts X eingekratzt.

171. a. Schälchen.   ⎫

   b. Teller.   ⎬ Bonn.

   c. Tasse. — Andernach.

     a. ᛚOSSᛍE   ⎫

     b. ᛚOSSᛍFEC ⎬ *Lossa fe(cit)*

     c. IOSS/   ⎭

   a. E am Schlusse scheint mit F ligirt zu sein.

   b. Ob A einen Qerstrich hat, ist nicht ganz sicher.

   c. Der Horizontalstrich des L nicht erkennbar; — der zweite Schenkel des A ist nicht zum Ausdruck gelangt.

172. Flaches Schälchen. — Bonn.

       OF·LVCCEI   *Of(ficina) Luccei*

Buecheler, Bonn. Jahrb. LX S. 77.

   I kommt nur schwach zum Vorschein und scheint kleiner als die übrigen Buchstaben gebildet zu sein.

173. Schälchen. — Grimmlinghausen.

       LᴠCICF   *Luci of(ficina)*

174. a. Schale. — Bonn.

   b. Teller? — Grimmlinghausen.

     a. b. LVCIV∫   *Lucius*

   S hat eine cursive Form.

175. Modelschüssel einer Schale mit Stempelbildern. — Köln.

   An der Seite zwischen den Verzierungen

LVPVSFE   *Lupus fe(cit)*

Düntzer, B. Jahrb. XXXV S. 45; Kamp a. a. O. S. 6 n. 62.

176. Teller. — Grimmlinghausen.

LVSCIOF   *Luscio f(ecit)*

Der Stempel ist in rückläufiger Schrift eingedrückt.

177. a. Schälchen. ⎫
      b. Schälchen. ⎬ Bonn.

      a. OF·M ⎫
      b. OFMÁ ⎬ *Of(ficina) Ma . . . .*

Beide Stempel sind nicht vollständig zum Abdruck gelangt.

a. Buecheler, B. Jahrb. LX S. 77.

178. a. Teller. ⎫
      b. Teller. ⎬ Grimmlinghausen.

      a. MCCARVSF ⎫
      b. MCCARV//F ⎬ *Maccarus f(ecit)*

b. S vor F verwischt.

179. Teller. — Andernach.

MACCARI   *Maccari*

Koenen, B. Jahrb. LXXXVI S. 165 Taf. VII, 43.   Beide
Λ ohne Querstrich.

180. a. Teller. — Köln.
      b. Schüssel. — Bonn.

      a. OFI<MACCᴀR ⎫
      b. OF·MCCAI///// ⎬ *Offi(cina) Maccar(i)*

a. Das zweite A ist kleiner als die übrigen Buchstaben gebildet. — Auswärts TV eingekratzt.

b. Am Schlusse ist von R bloss der Verticalstrich theilweise
noch erhalten.

181. Ornamentirte Schale. — Köln.

MC·RI·M/   *Macri ma(nu)*

Der zweite Schenkel des A am Ende des Stempels ist nicht
ausgeprägt.

182. a. Teller. — Grimmlinghausen.
      b. Schale. ⎫
      c. Teller. ⎬ Bonn.

      a. MΛGNVSΓ   *Magnus f(ecit)*
      b. MΛGNI·F ⎫
      c. MAGNIF ⎬ *Magni f(abrica)*

In den beiden ersten Exemplaren entbehren die A deutlich des Querstriches.

183. a. Schale. ⎫
    b. Teller. ⎪
    c. Teller. ⎬ Bonn.
    d. Teller. ⎪
    e. Teller. — Andernach.

      a. MIAVSF ⎫
      b. MIANVSE ⎪
      c. MIANVSFE ⎬ *Maianus fe(cit)*
      d. MIAVS///// ⎪
      e. /////IAIM ? ⎭

a. b. d. Buecheler, B. Jahrb. LX S. 77.

c. Koenen, B. Jahrb. LXXXVI S. 164 Taf. VII, 41.

a. Bei den Exemplaren a. und d. sind MA und AN in Ligatur, MA auch bei den drei anderen.

b. N und S sind rückläufig gebildet.

e. Dieser Stempel scheint ebenfalls ein verstümmeltes MAIANVS in rückläufiger Schrift zu sein.

184. Teller. — Grimmlinghausen.

    MAI·IANVS   *Maiianus*

Die hintere Hasta des N fehlt durch mangelhaften Abdruck.

185. Schälchen. — Bonn.

    MAININAF   *Mainina f(ecit)*

Die untere Hälfte des 3. und 4. Buchstabens ist nicht deutlich ausgeprägt.

186. Teller. — Bonn.

    MAIOR·E   *Maior fe(cit)*

E mit F ligirt.

187. Teller. — Bonn.

    MALL·EE

Das zweite L nicht ganz zweifellos. — Ob *Mall(us) fe(cit)*?

188. Schale. — Bonn.

    λλλRCELLLNVS   *Marcellinus*

M, A und L haben cursive Form, I ist kleiner gebildet und in L eingeschrieben.

189. a. Teller. — Grimmlinghausen.
    b. Teller. — Neuss, Bahnhof.
    c. Schälchen. — Bonn.

d. Schälchen. ⎫
e. Teller.   ⎬ Bonn.
f. Schälchen. — Remagen.
g. Schälchen. ⎫
h. Schälchen. ⎪
i. Schüssel.   ⎬ Bonn.
k. Teller.   ⎭
l. Schale. — Grimmlinghausen.

  a. MARTIALIS   *Martialis*
  b. MRTIALISF ⎫
  c. //MARTIALISF ⎪
  d. :MAR†ALFE ⎪
  e. MAR†ALFE   ⎬ *Martialis fe(cit)*
  l. ·MAR†IALFE ⎪
  f. ////////R†AⱢ·FE ⎪
g. h. MAR†AFE   ⎭
  i. MARTIAⱢSⱯ   *Martialis Va.....*
  k. MART//ⁱ////

a. Die Buchstaben des Stempels sehr durch Krätze zerstört.
e. Der vordere Theil von M nicht ganz ausgeprägt.
f. Der Anfang des Stempels abgebrochen.
i. Vgl. C. I. L. XII n. 5686, 549c.   Schuermans a. a. O.
n. 3349.
k. Buecheler, B. Jahrb. LX S. 77. — Der Rest des Stempels abgebrochen.
190. Schälchen. — Bonn.
      MARCVSF   *Marcus f(ecit)*
191. Näpfchen. — Bonn.
      MASCI   *Masci?*
Buecheler, B. Jahrb. LX S. 78. M und A ligirt. Nahe liegt *Mascl[i]*. Vgl. jedoch C. I. L. XII n. 5686, 557.
192. Teller. — Bonn.
      //////SCLI   *[Ma]scli*
Der erste Theil des Stempels ist nicht ausgeprägt.
193. Teller. — Bonn.
      ///ⱭFⱮSCLIN   *Of(ficina) Masclin(i)*
194. Schale. — Bonn.
      OFMSCVI   *Of(ficina) Mascu[l[i*

Bonn. Winkelmannsprogr. 1888 S. 40, 12. M und A in einem Zeichen verbunden. — Auswärts VIIRI eingekratzt. Vgl. Schuermans a. a. O. n. 3393. C. I. L. VII n. 1336, 672a.

195. Schälchen. — Bonn, Münsterplatz.

        MSVE   *Ma[n]suet(i)*

Vgl. C. I. L. VII n. 1336, 673. XII n. 5686, 564.

196. Schale. — Bonn.

        MATTIM   *Matti m(anu)*

197. Schälchen. — Grimmlinghausen.

        ·IVAM

In rückläufiger Schrift; die vordere Hälfte des M unvollständig ausgeprägt. Ob *Mavi?*

198. Flache Schale. — Pommern an der Mosel.

        ///ΛECCO FEC   *Mecco fe(cit)*

Vgl. Schuermans a. a. O. n. 3470—3471.

199. Näpfchen. — Bonn.

        MIICo//////   *Meco*

O kleiner gebildet als die übrigen Buchstaben. — Vgl. Bonn. Jahrb. XXIX/XXX S. 216.

200. Schälchen. — Bonn.

        MEB/////////   Auswärts V eingekratzt.

Der Rest des Stempels ist abgebrochen.

201. Teller. — Pommern an der Mosel.

        MEÐÐICVS   im Kreise geschrieben.

202. a. Teller. — Bonn.

    b. Schälchen. — Grimmlinghausen.

    c. Schälchen.

    d. Schälchen.

    e. Schälchen.   } Bonn.

    f. Schälchen.

    g. Tasse. — Grimmlinghausen.

      a. b. MEÐÐICF

      c. d. MEÐÐICFC

      e. MEÐÐICFL   } *Meddic(us) fec(it)*

      f. MEÐÐICFI

      g. MEÐÐIC////

e. u. f. E am Ende ist unvollständig ausgedrückt. Alle D sind gestrichen.

    g. Der Rest des Stempels ist abgebrochen.

203. Ornamentirte Schale. — Grimmlinghausen.

ME⊕ILLV////   *Medillu[s]*

Vgl. C. I. L. VII, n. 1336, 690a. XII n. 5686, 576.

204. Teller. — Bonn.

MEÐÐIRIVS F   *Meddirius f(ecit)*

Buecheler, B. Jahrb. LX S. 78.

Beide Ð gestrichen. Auf der Rückseite ×ₓXⱾ also XX und XL eingekratzt.

205. a. Schälchen.
     b. Schälchen.   Bonn.
     c. Schälchen.

      a. MEÐÐVIF
      b. MEÐÐVIE////   *Meddul(us) fe(cit)*
      c. MEÐÐVⱢE

a. Die sämmtlichen Ð der drei Stempel sind gestrichen.

b. E am Ende scheint mit F ligirt zu sein.

c. Buecheler, B. Jahrb. LX S. 83. F auf den Kopf gestellt.

206. Teller. — Bonn.

MEDIVS F   *Medius f(ecit)*

207. Schälchen. — Unbekannter Herkunft, wahrscheinlich vom Niederrhein.

MELAVSVSF   *Melausus f(ecit)*

Aus der Sammlung Eberle; Katalog No. 1371. — Vgl. Schuermans, a. a. O. n. 3492.

208. Teller. — Bonn.

MⱢⱢISSVS   *Melissus*

209. Teller. — Billig bei Euskirchen.

MELISSVSF   *Melissus f(ecit)*

210. a. Teller. — Grimmlinghausen.
     b. Schale. — Bonn.
     c. Näpfchen. — Grimmlinghausen.
     d. Teller. — Bonn.

      a. MEMORISM
      b. //ⱲⱲORM
      c. //EMORM   *Memoris m(anu)*
      d. ⱲⱲORƲ

b. Der erste Schenkel des M am Anfange des Wortes nicht ausgeprägt.

c. E kaum erkennbar, M vor E gar nicht.

d. Das erste M nur schwach erkennbar. — Vom letzten M ist die letzte Hasta nicht ausgeprägt.

211. Schale. — Unbekannter Herkunft.

ME M O   *Memo(r)*

Der Stempel ist nicht vollständig ausgeprägt.

212. Näpfchen. — Grimmlinghausen.

M II V I   *Mevi*

I am Ende des Wortes ist nur halb ausgedrückt.

213. Teller. — Bonn.

O F ΛΛ I

M ist in zwei Λ zerlegt; der Stempel ist unvollständig ausgeprägt.

214. Teller. — Bonn.

///;|M I C ////////

Ob vor M noch ein Buchstabe gestanden hat, ist unsicher. Das Ende des Stempels ist zerstört; er scheint MICCIOF gelautet zu haben.

215. a. Schälchen. ⎱ Bonn.
      b. Schälchen. ⎰

a. b. M I C C I O   *Miccio*

216. a. Teller. — Bonn.
      b. Teller. — Wahrscheinlich Bonn.
      c. Schälchen. — Bonn.
      d. Teller. — Grimmlinghausen.
      e. Teller. — Billig bei Euskirchen.

a. b. M I C C I F E C ⎫
c. M I C C I O · F   ⎬ *Miccio fec(it)*
d. M I C C I O F   ⎪
e. M I C C I O F   ⎭

a. u. b. sind in rückläufiger Schrift eingedrückt.
e. Quer durch O geht ein Bruch.

217. Napf. — Grimmlinghausen.

M I C C O F   *Micco f(ecit)*

Im Rande des Fusses ist M eingeritzt.

218. Schälchen. — Bonn.

M I C I O   *Micio*

219. Schälchen. — Grimmlinghausen.

O F M I · V G I

Derselbe Stempel C. I. L. VII n. 1336, 717.   Vgl. C. l. L. XII
n. 5686, 596.

220.   Schälchen. — „Am guten Mann" bei Urmitz.

MINVSOF   *Minuso f(ecit)*

Vgl. C. I. L. XII n. 5686, 594.

221.   Schälchen. — Bonn.

MH Ⅰ

Buecheler, B. Jahrb. LX S. 84.   N rückläufig gebildet. Das
letzte Zeichen hält Buecheler für ein rückläufiges F.

222.   a. Schälchen. — Trier.
    b. Schälchen. — Bonn.
      a. OFMO
      b. OF·MO

223.   a. Schälchen. ⎫
    b. Schälchen. ⎬ Bonn.
    c. Schälchen. — Grimmlinghausen.
      a. OFMOI
      b. ƆFMOI
      c. ///ƆFMOI

b. u. c. O im Anfang ist nicht ganz ausgeprägt.

224.   a. Teller. ⎫
    b. Schale. ⎬ Bonn.
      a. OFMODEST† ⎫
      b. //ƆFMODES ⎬ *Of(ficina) Modesti*

225.   Teller. — Neuss, Bahnhof.

MODEST·F   *Modest(us) f(ecit)*

226.   Schälchen. — Bonn.

MONIAN   *Montan(i)*

Von T ist der Horizontalstrich nicht ausgeprägt.

227.   Schälchen. — Andernach.

MONTANVS   *Montanus*

228.   Schälchen. — Bonn.

OFMONA   *Of(ficina) Monta(ni)*

229.   a. Teller. ⎫
    b. Schälchen. ⎬ Bonn.
    c. Teller. ⎭
    d. Schälchen. — Grimmlinghausen.

    a. O F M O N · C

    b. d. O F M O N · C I

    c. O F M O N · C R

  a. Buecheler, B. Jahrb. LX S. 78. Dass Schluss-C könnte auch für O gelten.

  c. Von OF ist die obere Hälfte nicht zum Ausdruck gelangt.

230.   a. Teller. — Grimmlinghausen.

    b. Schälchen. — Bonn.

    a. O F M O N O

    b. O F M O N · O I

231. Schälchen. — Bonn.

             M V I λ

Der Stempel ist ziemlich undeutlich ausgeprägt. Ob *Mu-[r]a[ni]*?

232. Schälchen. — Bonn.

    O F M R A I   *Of(ficina) Murani*

MV und AN sind ligirt.

233. Verzierte Schale. — Bonn.

        N/////////////

Der Rest des Stempels abgebrochen.

234. Schälchen — Bonn.

    N Λ C C Λ F   *Nacca fe(cit)*

Am Schluss F und E ligirt. Vgl. Schuermans, Sigles figulins n. 3789.

235. Schälchen. — Bonn.

          N Λ S

Der Rest des Stempels fehlt.

236. Schälchen. — Köln.

    N Λ S S I B   Auswärts CVP eingeritzt.

Ein ähnlicher Stempel aus Oberwinterthur bei Schürmans Sigles fig. 3804. — Das letzte Zeichen scheint ein Compendium für SF zu sein.

237.   a. Schälchen. — Neuss, Bahnhof.

    b. Schälchen. — Unbekannten Fundorts.

    c. Schälchen.

    d. Schale.   } Bonn.

    e. Tasse.

    f. Schälchen. — Köln.

g. Schälchen.)
h. Tasse. } Bonn.

    a. N A S S O   *Nasso*
    b. N A S S O F   *Nasso f(ecit)*
c. c. N A S S O · I · S · F)
    d. N A S S O · I · S · F
    f. N A $\overline{\overline{5}}$ S O · I · S · F } *Nasso i ... s ..... f(ecit)*
    g. N A S S O//////////
    h. ///A S S O · I · S · F)

c. Buecheler, B. Jahrb. LX S. 78. Für die Siglen I·S· ist noch keine genügende Erklärung gefunden.

d. Buecheler a. a. O. Das erste S, welches grösser als die übrigen Buchstaben ist und etwas höher steht, scheint hinein corrigirt zu sein.

e. NA nur schwach in diesem Exemplar erkennbar.

f. Der obere Theil des ersten S nicht ausgedrückt.

h. Der erste Buchstabe des Stempels abgebrochen. — S vor F nicht deutlich erkennbar.

238. Teller. — Grimmlinghausen.

    N A // S O F E C   *Na[s]so fec(it)*

Das erste der beiden S durch Bruch zerstört.

239. Schälchen. — Bonn.

    N A T A L I S ·   *Natalis*

240. Schälchen. — Bonn.

    O F N C I F N C I

241. a. Schälchen. — Bonn.

    b. Schälchen. — Unbekannter Herkunft.

    c. Schälchen. — Bonn.

    d. Schälchen. — Grimmlinghausen.

    a. N$\overline{F}$ Q V R E S)
    b. N$\overline{E}$ Q///////// } *Nequr(us) fec(it)?*
    c. d. ///$\overline{E}$ Q V R I)

a. E und S enger zusammengerückt; S deutlich.

b. der Rest des Stempels ist abgebrochen.

c. d. Das erste jetzt schwach hervortretende Zeichen scheint ein mit dem folgenden E ligirtes N zu sein, dessen Hasta nicht ausgedrückt ist.

Vgl. C. I. L. VII n. 1336, 754.

242.   Schälchen. — Grimmlinghausen.

O F N I   *Of(ficina) Ni* . . . . .

Der Rest des Stempels ist nicht ausgeprägt.

243.   Schälchen. — Grimmlinghausen.

O F F · N I///////

Das Ende des Stempels ist abgebrochen.

244.   Schälchen. — Bonn.

O F N G R I   *Of(ficina) Nigri*

N scheint mit I ligirt zu sein. Vgl. C. I. L. XII n. 5686. 639.

245.   Schälchen. — Grimmlinghausen.

N I Ʌ

N rückläufig gebildet.

246.   Schälchen. — Andernach.

N I L V S F   *Nilus f(ecit)*

N nur schwach erkennbar.

247.   Schälchen. — Bonn.

III N I N III   Answärts X eingeritzt

Die 3 Striche zu Anfang und am Schluss des Stempels scheinen Ornamente zu sein; das Schluss-N ist rückläufig gebildet.

248.   Schälchen. — Bonn.

N O/////////

Der Stempel unvollständig ausgedrückt.

249.   Teller. — Bonn.

N ° M ° I

Die beiden zwischen N und M und M und I stehenden Zeichen scheinen blosse Interpunktionszeichen zu sein.

250.   Teller. — Andernach.

N O N I C O   *Noni Co* . . . . .

251.   Teller. — Bonn.

N O T V S F   *Notus f(ecit)*

252.   Teller. — Bonn.

O F O////////

Der Rest des Stempels nicht ausgeprägt.

253.   Teller. — Bonn.

O C I S O F   *Ociso f(ecit)?*

Vgl. S c h u e r m a n s a. a. O. n. 3968.

254.   a. Schälchen. }
          b. Schälchen. } Bonn.

a. OℇCVS   *Oecus*

b. ///FOECI   *[O]f(ficina) Oeci*

a. Der oberste Querstrich des E nicht erkennbar.

b. Der Buchstabe vor F verwischt.

255. Schälchen. — Bonn.

ICOPPI

Das erste Zeichen nicht ganz sicher.

256. Näpfchen. — Bonn.

ᛗᛘᚼMᎪ

Sämmtliche Buchstaben dieses Stempels sind rückläufig gebildet. Vielleicht *Palma?*

257. Teller. — Bonn.

PARANVSFE   *Paramus fe(cit)*

Bonn. Winkelmannsprogr. 1888 S. 40, 12, dessen Lesung hier-
nach zu berichtigen ist. — Unter dem Worte ist ein auf den Kopf
gestelltes F eingeschnitten. Auswärts eingeritzt:

BASℤIᴧ

ᴧLᴧ

ᴧUG·CO////

258. Teller. — Bonn.

PASSFI/////   *Passen(i)*

Buecheler, B. Jahrb. LX S. 83. Der unterste Querstrich
des E fehlt, von dem folgenden N bloss die erste Hasta erhalten,
hinter der der Stempel abgebrochen ist.

259. Teller. — Bonn.

PᴧSSENI·M   *Passeni m(anu)*

ᴧ ohne Querstrich.

260. a. Teller. — „Am guten Mann“ bei Urmitz.

b. Schale. — Bonn.

a. OF·PASSEN

b. //FPᴧSSENI   *Of(ficina) Passeni*

a. E und N sind ligirt.

b. Buecheler, B. Jahrb. LX S. 78. — ᴧ ohne Querstrich;
beide S linksläufig gebildet.

261. Schälchen. — Bonn.

PᴧSSIEF   *Passie(nus) f(ecit)*

ᴧ ohne Querstrich; beide SS sind mangelhaft ausgeprägt.

262. Schüssel. — Bonn.

OF·PᴧSSIEN   *Of(ficina) Passien(i)*

ᴧ ohne Querstrich; N nur schwach durchschimmernd.

263. a. Schälchen. — Andernach.

       b. Schälchen. ⎫

       c. Teller.   ⎪

       d. Teller.   ⎬ Bonn.

       e. Schälchen. ⎪

       f. Schälchen. ⎭

       g. Schälchen. ⎫

       h. Schälchen. ⎪

       i. Schälchen. ⎬ Grimmlinghausen.

       k. Schälchen. ⎭

          a. i. OFPATRICI ⎫

            k. OF·PATRICI ⎪

            b. OFPARICI ⎪

            c. OFPΛTRC   ⎪

            d. OFPΛTRC   ⎬ *Of(ficina) Patrici*

        g. h. OFPΛRC   ⎪

            e. OFPΛ⊤RC   ⎪

            f. OF·PAR   ⎭

       c. Auswärts ΛNTHI eingekratzt.

       h. Auswärts N eingeritzt.

264. Schale mit Lotosblättern auf dem Rande. — Köln.

       PATRVINVS⊤   *Patruinus f(ecit)*

Vom letzten Buchstaben nur der untere Theil der Hasta erhalten.

265. Schälchen. — Bonn.

       PAV/////N   *Pau[li]n(us)?*

Stempel sehr abgerieben.

266. Schälchen. — Bonn.

       ///ᴾΛLLVS   *Paullus*

Die Hasta von P nicht ausgedrückt.

267. Schale. — Bonn.

       ///FPAVLI   *[O]f(ficina) Pauli*

O vor F nicht ausgeprägt; von der Hasta des F fehlt der untere Theil.

268. a. Schälchen. — Bonn.

       b. Schälchen. — Raversbenren auf dem Hunsrücken.

       c. Schälchen. ⎫

       d. Schälchen. ⎬ Bonn.

3

a. PIICVᴧIARᴧE ⎫
b. PECVᴧIAFE   ⎬ *Peculiar(is) fe(cit)*
c. PECVLIAF//// ⎪
d. //////ᵢᵥᴧIAF/// ⎭

b. Aus'm Weerth, B. Jahrb. LXII S. 185.

d. Buecheler, B. Jahrb. LX S. 79, der an *[I]ulia[nus]*
f(ecit) dachte.

269. Verzierte Schale. — Planig bei Kreuznach.

PE/////G//RIV

Das letzte Zeichen sieht aus wie LI. Ob *Pe[re]gri[nus]?*

270. Schälchen. — Bonn.

PERRVSⱶ   *Perrus f(ecit)*

271. Teller. — Bonn.

OF·PETICI   *Of(ficina) Petici*

Die beiden letzten Buchstaben sind kleiner als die übrigen.
— Auswärts die Inschrift ᴧMI eingekratzt, deren Anfang abgebrochen ist.

272. a. Schälchen. ⎫
      b. Schale.   ⎬ Bonn.
      c. Schale.   ⎭

      a. PETRVLLVSFX ⎫
      b. PETRVLLVSi/// ⎬ *Petrullus f(ecit)*
      c. ///ETRVLLVSi/// ⎭

b. Von F sind am Schlusse der beiden Exemplare b. und c.
nur noch Reste der Hasta vorhanden.

c. Der Anfang des Stempels abgebrochen.

273. Schälchen. — Bonn.

PIPERI   *Piperi*

Vgl. C. I. L. XII n. 5686, 692.

274. a. Verzierte flache Schale. ⎫
      b. Schälchen.   ⎬ Bonn.

      c. Schale. — Grimmlinghausen.

      a. /⅁FPOᴎI   ⎫
      b. O////POᴎ   ⎬ *Of(ficina) Ponti*
      c. ΘF.PONTI/// ⎭

b. F ist beim Abdruck nicht zum Vorschein gekommen.

c. Im ersten O ein Punkt. — Der Punkt nach F steht ziemlich tief.

275. Teller. — Bonn.

PRIMAN *Primani*

Klein, Bonn. Winckelmannsprogr. 1888 S. 40, 12.

276. Teller. — Grimmlinghausen.

OF·PRM·SCI *Of(ficina) Primisci*

Auswärts ⋏ eingeritzt. — Vgl. C. I. L. VII n. 1336, 866.

277. Teller. — Grimmlinghausen.

PRIMVLI *Primuli*

278. Teller. — Grimmlinghausen.

OFPRIMVYI *Of(ficina) Primuli*

MV in einem Zeichen; L vor I auf den Kopf gestellt.

279. Flacher Teller. — Asberg bei Moers.

PRIMIF

M stark abgerieben und daher schlecht erkennbar.

280. Flache Schüssel. — Neuss, Bahnhof.

PRIMI·MA/// *Primi ma(nu)*

Hinter MA ist unmittelbar der Stempel abgebrochen, so dass auch MAN da gestanden haben kann.

281. a. Teller. — Remagen.
   b. Schälchen. — Bonn.
   c. Teller. — Kreuznach.

   a. OF·PRIMI ⎫
   c. //ƆFPRIMI ⎬ *Of(ficina) Primi*
   b. OFPRIM ⎭

a. Das Schluss-I ist kleiner als die übrigen Buchstaben gebildet.

c. Der vordere Theil der Rundung des O ist nicht ausgeprägt.

282. a. Teller. ⎫
     b. Teller. ⎬ Bonn.

   a. b. PRIMVS *Primus*

a. Buecheler, R. Jahrb. LX S. 84. Die Buchstaben RIM sind sehr verkratzt. Auf der Aussenseite des Bodens SIMP eingeritzt, dann durch Striche getilgt und darunter seitwärts SIMⵏⵊII mit X über beiden II eingekratzt, ferner auf der Wandung ⋀⋀λ und I⟩I.

283. Kleine Schale. — Bonn.

PRIMVSF *Primus f(ecit)*

284. Schale. — „Am guten Mann" bei Urmitz.

OFԴ///ICIINI

Der Stempel ist nicht deutlich ausgeprägt, ·in der Mitte fehlt ein Buchstabe ganz. N ist rückläufig gebildet.

285. Schale. — Grimmlinghausen.

ROPVSFE   *Ropus fe(cit)*

Vgl. C. I. L. VII n. 1336, 931.

286. Teller. — Grimmlinghausen.

RVFINI   *Rufini*

287. Teller. — Bonn.

RVFINIM   *Rufini m(anu)*

288. Schälchen. — Grimmlinghausen.

OF·RVFIN   *Of(ficina) Rufin(i)*

289. Napf. — Grimmlinghausen.

OFRVFI   *Of(ficina) Ruf*

O ist kleiner als die übrigen Buchstaben gebildet.

290. Schälchen. — Planig bei Kreuznach.

RVTΛEꓵ//   *Rutaen(i)*

Λ ohne Querstrich; die zweite Hasta des N nicht ausgeprägt. — Vgl. B e c k e r, Die röm. Inschriften von Mainz S. 107 n. 187. C. I. L. XII n. 5686, 769.

291. a. Schälchen. — Billig.

b. Schälchen. — Bingerbrück.

c. Schälchen. — Engers.

d. Schälchen. — Bonn.

e. Teller. — Unbekannter Provenienz.

f. Schälchen. — Niederrhein.

a.—c. SꓕD·O ⎫

d.   SꓕO· ⎪

e.   ·SIO· ⎬ in rückläufiger Schrift.

f.   ·SꓕO· ⎭

Das erste Zeichen hat in allen Exemplaren eine krumme, sehr dem S ähnelnde Gestalt, so dass es wohl eher für S als für I anzusehen ist.

e. Der Querstrich am L nicht sichtbar.

O(fficina) L. S ....? Vgl. B e c k e r, die röm. Inschr. von Mainz S. 108 n. 204. B u e c h e l e r, B. Jahrb. LIX S. 43.

292. a. Schälchen. — Bonn.

b. Schälchen. — Unbekannten Fundorts.

a. OFS

b. ·OFS·

b. Stammt aus der Sammlung Eberle.

293. Teller. — Bonn.

         O F S A B   *Of(ficina) Sab* . . . . . .

Der Rest des Stempels ist nicht ausgedrückt.

294. Teller. — Grimmlinghausen.

         O F S A B I N I M   *Of(ficina) Sabiniani*

Am Schlusse des Wortes sind die Buchstaben ANI zu einem Zeichen verbunden.

295. a. Flache Schüssel.
      b. Teller.
      c. Teller.   Bonn.
      d. Schale.

      e. Näpfchen.
      f. Teller.   Grimmlinghausen.

      g. Schälchen. — Unbekannten Fundortes.

a.—f. S A B I N V S
    g. S A B I N V S   *Sabinus*

c. Der Stempel ist auf diesem Exemplar mangelhaft ausge-prägt.

    f. Die untere Hälfte der Buchstaben BI ist zerstört.

    g. Die Buchstaben VS sind nur schwach erkennbar.

296. Schale. — Bonn.

         S A B I N I   *Sabini*

A ohne Querstrich; die punktirten Theile der Buchstaben B und N nicht mehr deutlich.

297. Schälchen. — Grimmlinghausen.

         A B I N I O   *[S]abini o(fficina)*

Der Anfang des Stempels nicht vollständig ausgedrückt. — A ohne Querstrich.

298. a. Schälchen. — Asberg bei Moers.
      b. Teller. — Billig bei Euskirchen.

         S A C II R   *Sacer*

299. a. Schälchen. — Bonn.
      b. Schälchen. — Billig.

      a. //S A C E R · E////
      b. S A C II R F   *Sacer f(ecit)*

    a. Der Anfang und der Schluss dieses Stempels sind abge-brochen.

300. Teller. — Bonn.

        S A C I R O F   *Sac[e]r(i) of(ficina)*

Λ ohne Querstrich. — Auswärts VI eingeritzt.

301. Teller. — Bonn.

        S A C I A N T R

Der Stempel ist mir nicht verständlich.

302. Kleiner Napf. — Bonn.

        Λ C R Λ P V   *[S]acrapu[s]?*

Das zweite Λ ohne Querstrich. Der folgende Buchstabe nicht ganz deutlich; ist eher P als T. Der Stempel scheint eigentlich breiter und sein Anfang und Ende nicht ganz ausgeprägt zu sein. Vielleicht ist er *[S]acrapu[s]* zu ergänzen. Vgl. R o u l e z , Bonn. Jahrb. XI S. 37. S c h ü r m a n s , Sigles figulins n. 4863—4866.

303. a. Schälchen. — Bonn.

     b. Teller. — Köln.

       a. S A L V E   ⎫
                   Salve?
       b. S Λ L V E   ⎭

     a. B u e c h e l e r , B. Jahrb. LX S. 78.

304. Schälchen. — Bonn.

        S Λ L V E T V////   Ob *Salve tu?*

Vgl. C. I. L. XII n. 5686, 780.

305. Schälchen. — Bonn.

        L · S Λ/ I · S   *L. Sani S . . . . . .*

Auswärts X eingeritzt. — Vgl. S c h u e r m a n s , Sigles figulins n. 4917.

306. Teller. — Bonn.

        S A R I N V S F   *Sarinus f(ecit)*   .

307. Napf. — Bonn.

        O F S A R I N I   *Of(ficina) Sarini*

308. Teller. — Grimmlinghausen.

        O F · S A R R/ T   *Of(ficina) Sarrut(i)*

309. Schale mit Reliefdarstellungen. — Andernach.

In cursiver rückläufiger Schrift ist zwischen den Ornamenten von unten nach oben eingeprägt:

        S A T T O F E   *Satto fe(cit)*

A undeutlich ausgeprägt; das erste T abgerieben.

310. a. Teller.   ⎫
                      Bonn.
     b. Schälchen. ⎭

a. S C O T T I O F ⎫
b. S C O T T I · Θ F ⎬   *Scotti of(ficina)*

a. Beide **T** haben einen gemeinsamen Horizontalstrich.

b. Im zweiten O ein Punkt.

311. Teller. — Bonn.

S E C V N · F   *Secun(dus? dinus?) f(ecit)*

312. Schälchen. — Pommern an der Mosel.

S E C V N D I N V///   *Secundinu[s]*

Der Stempel ist nach dem zweiten V abgebrochen.

313. Teller. — Bonn.

S E C V N D I N I   *Secundini*

314. a. Schälchen. — Bonn.

b. Schälchen. — Grimmlinghausen.

c. Schälchen. ⎫
d. Schälchen. ⎪
e. Schälchen. ⎬   Bonn.
f. Schälchen. ⎭

a. S E C V N) I ⎫
b. S E C V N) I ⎬   *Secundi*
c. S E C V\D I ⎭

d. S E C V N D I M ⎫
e. S E C V N) I M ⎬   *Secundi m(anu)*

f. S E C V N D I O F   *Secundi of(ficina)*

a. Buccheler, B. Jahrb. LX S. 78.

b. Das Schluss-I kleiner gebildet.

f. S nur zum Theil ausgeprägt.

315. Schälchen. — Grimmlinghausen.

S E C V N) V S   *Secundus*

316. Schälchen. — Bonn.

S E C V R I   *Securi*

S mangelhaft ausgedrückt.

317. Schälchen. — Bonn.

S E N N I//   *Senni*

Die zweite Hasta des zweiten N ist kaum erkennbar. — Vgl. Schuermans a. a. O. n. 5099—5101.

318. Schälchen. — Bonn.

S E N O M   *Senom . . . . .*

EN sind mit einander ligirt. — Vgl. C. I. L. XII n. 5686, 815.

319. Flacher Teller. — Unbekannten Fundortes.

C · S ET   C. Sent(ii)

ENT am Schlusse in einem Zeichen verbunden. Vgl. C. I. L.
XII n. 5686, 818. — Auswärts L E G T R Λ eingekratzt.

320. a. Schälchen. }
       b. Schale.   } Bonn.

a. S E R V A F   Serva . . . . f(ecit)
b. S E R V A O F   Serva . . . . of(ficina)

321. Schälchen. — Bonn.

S E V E R I   Severi

S im Anfang des Wortes schlecht erhalten.

322. a. Schale.   }
       b. Schälchen. }
       c. Schälchen. } Bonn.
       d. Schälchen. }

a. O F · S E V E R + }
b. O I' S E \ER I   } Of(ficina) Severi
c. O F S E V E I   }
d. /////E V E R I   }

a. Das Schluss-I hat einen Querstrich in der Mitte.

b. F ist cursiv gebildet durch kleineren Strich neben der
Hasta; VER sind mit einander ligirt.

c. Das letzte Zeichen des unvollständig ausgeprägten und
linksläufigen Stempels ist jedenfalls R gewesen. — Auswärts am
Rande ist Λ eingeritzt.

d. Der vordere Theil des rückläufigen Stempels jetzt abgebrochen.

323. Teller. — Grimmlinghausen.

O S E V E R I   O(fficina) Severi

324. Näpfchen. — Grube Silbersand bei Mayen.

S I L \AN   Silvan(i)

325. Flache Schale. — Pommern an der Mosel.

Є S I L \/////   O(fficina) Silv . . . .

Das erste Zeichen scheint ein verdorbenes O zu sein.

326. Schale. — Grimmlinghausen.

S I L V I N I   Silvini

S rückläufig gebildet.

327. a. Schälchen. — Grimmlinghausen.

       b. Näpfchen. — Bonn.

a. b. OFSILVINI   *Of(ficina) Silvini*

328. Schälchen. — Bonn.

OF·SILVI   *Of(ficina) Silvi*

V in L eingefügt. — Auswärts ⩜ eingeritzt.

329. Teller. — Bonn.

SILVI·OF   *Silvi of(ficina)*

330. Flacher Teller. — Trier.

SOLLI   *Solli(i)*

331. Schüssel. — Grimmlinghausen.

SVLPICI

darüber:

SVLPICI (vertical)

SVLPICI (vertical overlay)

} *Sulpici(i)*

332. Teller. — Beim Eisenbahnbau bei Engers.

SVRDIⱢⱢVSFE   *Surdillus fe(cit)*

333. Schale. — Andernach.

I·Ʒꝶ·SECVN   *L. Ter(entii) Secun(di)*

Von dem ersten Buchstaben, welcher nach Ausweis anderer Exemplare L war, ist bloss die verticale Hasta vorhanden. Vgl. C. I. L. VII n. 1336, 1113. XII n. 5686, 869. — Im zweiten Worte sind TER mit einander ligirt.

334. a. Schälchen. } Bonn.
     b. Näpfchen.

a. RTIVSI//// } *[T]ertius f(ecit)*
b. ////ƷRTIVSF

a. Der Anfang des Stempels nicht ausgeprägt.

b. Im Anfang des Stempels ist T und der Verticalstrich des E abgebrochen.

335. Schälchen. — Bonn.

TITVLVSF   *Titulus f(ecit)*

Der Stempel ist in rückläufiger Schrift eingedrückt.

336. Kleine Tasse. — Andernach.

L✝I✝   *L. Titi*

Beide Male ist die Hasta des T durch den Horizontalstrich durchgezogen.

337. a. Schälchen. — Köln, Appellhof.

b. Teller. — „Am guten Mann" bei Urmitz.

c. Tasse. — Köln.

d. Schale. — Bonn.

e. Schälchen. — Köln.

a. T O C C ⋀ ⎫
b. T O C C ⋀ ✦ ⎬ *Tocca*
           ⎭
c. T O C C A F ⎫
d. T O C C ⋀ ⌀ F E C ⌂ ⎬ *Tocca fec(it)*
e. T O C C A F X ⎭

d. Dieser Stempel ist im Kreise eingedrückt.

338.   a. Teller. ⎫
      b. Schälchen. ⎬ Bonn.
      c. Teller. — Heddesdorf bei Neuwied.

      a. b. T R I T V S ↾
          c. T R I T V S F

Vor dem Anfang-T auf allen drei Exemplaren ein horizontaler Strich.

a. B u e c h e l e r, B. Jahrb. LX S. 80. — Das Schluss-F hat cursive Form.

c. Der mittlere Querstrich des F ist weit herausgezogen. — Aussen auf der Wandung ist eingekratzt: ⋀ D I V T O R I ſ.

339.   a. Schüssel. — Neuss, Bahnhof.
      b. Schälchen. — Bonn.

      a. V R B A N V S F ⎫
      b. V R B ⋀ N//// ⎬ *Urbanus f(ecit)*

b. Der Stempel hinter N abgebrochen, von dessen zweiter Hasta der obere Theil ebenfalls fehlt.

340. Teller. — Andernach.

            V R I T V E S

Die Horizontalstriche des E sind auffallend fein und kurz.

341. Kleine Tasse. — Andernach.

            U X I

Die Lesung ist nicht ganz sicher, die einzelnen Zeichen sind schlecht erkennbar.

342. Schälchen. — Billig.

         O F V   *Of(ficina) V . . . . . .*

Der Rest des Stempels ist nicht ausgedrückt.

343. Ornamentirte Schale. — Grimmlinghausen.

          V · · · ⋀I

Der Stempel ist sehr mangelhaft ausgeprägt. Zwischen V und dem letzten Zeichen, welches sowohl ⋀I als N sein kann, ist ein Raum für drei Buchstaben.

344. a. Schälchen.
    b. Teller.   } Bonn.

V A C R I   *Vacri*

345. Schälchen. — Bonn.

V A Γ

Das letzte Zeichen, welches sehr undeutlich ausgedrückt ist, kann sowohl für D als auch für R gelten. *Vad....? Var....?* Vgl. Becker, Die röm. Inschriften von Mainz S. 108 n. 215.

346. Tasse. — Andernach.

V A H I

Der dritte Buchstabe des Namens ist nicht ganz deutlich. — Ob *Vani?*

347. a. Teller. — Andernach.
    b. Schälchen. — Grimmlinghausen.

    a. O V A R I I   }
    b. O V A R I   } *Of(ficina) Varii?*

    b. Im V ein Punkt.

348. Tasse. — Andernach.

V A †   *Vati?*

V und A mit einander ligirt. — Das letzte Zeichen, über dessen Horizontalstrich die Hasta etwas herausragt, scheint TI zu sein.

349. a. Kleine Tasse.]
    b. Kleine Tasse. } Andernach.
    c. Kleine Tasse.]
    d. Kleine Tasse. — Trier.

a.—d. V · A · T · O ·

Die einzelnen Buchstaben des Stempels sind zwischen ins Kreuz gestellten Linien vertheilt.

    a.—c. Koenen, B. Jahrb. LXXXVI S. 160. 162. 168, wo ATVI gelesen wird. Ob *Vato?*

350. a. Schälchen. — Andernach.
    b. Schälchen. — Bonn.
    c. Tasse. — Neuwied.

    a. ///ΞNICARVS]
    b. VENICA/////// } *Venicarus*
    c. VENICA///////]

Der erste Stempel ist im Anfange, die beiden anderen am Ende verstümmelt.

351. a. Teller. — Asberg bei Moers.
　　b. Schale. — Bonn.
　　c. Teller. — Asberg bei Moers.
　　d. Teller. ⎫
　　e. Schälchen. ⎬ Bonn.

　　　　a. V ᴚ E C V N̄ V S ⎫
　　　　b. V ᴈ E C V N̄ V S ⎪
　　　　c. V ᴈ E C V̄D V ⎬ *Verecundus*
　　　　d. V ᴈ E C V̄D V ⎪
　　　　e. V E R E C V ⎭

　　a. Im ersten E, welches mit R verbunden ist, fehlt der mittlere Querstrich.

　　c.—e. Diese drei Stempel sind nicht vollständig beim Abdruck zum Vorschein gekommen. Bei den Exemplaren c. und d. sind VND ligirt.

　　d. Auswärts ist auf der einen Seite eingekratzt: V λ L C, auf der anderen Seite ᴎ V N E Cₙ.

352. a. Oblonge Schüssel. — Köln.
　　b. Schale. — Bonn.

　　　　a. V E R V S ᴇ ⎫
　　　　b. V E ∕∕∕ V S ᴇ ⎬ *Verus fe(cit)*

　　a. Kamp a. a. O. S. 7 n. 122. Vgl. Klein, B. Jahrb. LXXXIV S. 108 f. Taf. II Fig. 1.

　　Am Schlusse beider Stempel FE ligirt.

353. Schälchen. — Bonn.
　　　　V E S P O · Ⱶ∕∕∕　　*Vespo fe(cit)*
　　Der obere Theil von F ist nicht ausgeprägt.

354. Schälchen. — Bonn.
　　　　V E V
　　Der Rest des Stempels ist unausgeprägt geblieben.

355. Unbestimmt. — Bonn.
　　　　O F · V I∕∕∕∕∕∕

356. Schälchen. — Grimmlinghausen.
　　　　Ɛ V · I · Λ · ∕ ∕∕∕∕
　　Der Stempel ist am Schlusse abgebrochen.

357. Schale. — Andernach.
　　　　O F V I A　　*Of(ficina) Via* . . . . .
　　Der Rest des Stempels blieb unausgeprägt.

358. Schälchen. — Bonn.
　　　　O F · V I C T∕∕∕∕∕　　*Of(ficina) Vict* . . . .

Der Stempel ist unmittelbar hinter T abgebrochen.

359. Schälchen. — Bonn.

V I C T o P_{|||}   *Victor*

O kleiner, die Schleife des R fehlt.

360. Ornamentirte Schale. — Bonn.

Zwischen den Ornamenten von oben nach unten laufend in rückläufiger Schrift:

V I C T O R I N V S   *Victorinus*

361. Teller. — Saarlouis?

➤ V I M P V S ⬟   *Vimpus*

Vgl. C. I. L. VII n. 1336, 1177. Becker, die röm. Inschr. von Mainz S. 108 n. 230.

362. a. Teller. ⎫
       b. Teller. ⎭ Bonn.

a. V I N D V S F ⎫
b. V I N D V S F· ⎬ *Vindus f(ecit)*

b. Buecheler, B. Jahrb. LX S. 78. Auf der Aussenseite des Bodens im Kreise eingekratzt: Λ·IVŁVENVſTI, ferner unter dem A in gleicher Linie mit dem Schluss-I von VENVSTI nochmals Λ.

363. a. Schälchen. ⎫
       b. Teller.   ⎪
       c. Teller.   ⎬ Bonn.
       d. Schälchen. ⎭

a. //)F I C V I R I L·::
b. O F I C V I R ⎫
c. O⊢V I R I L ⎬ *Of(ficina) Viril(is)*
d. O F V I R I I/// ⎭

a. Buecheler, B. Jahrb. LX S. 83. Das verstümmelte Zeichen im Anfang scheint eher ein O als ein F zu sein.

c. Der obere Querstrich des F ist nicht zum Ausdruck gelangt. — Auswärts ist V eingeritzt.

d. L hinter I ist mangelhaft ausgeprägt.

Vgl. N. 44 dieser Sammlung.

364. Schälchen. — Bonn.

V I R I V I S   *Vir[t]u[ti]s?*

Die obere Rundung des R und die Schenkel des V unten sind nicht geschlossen; T von I nicht zu unterscheiden. — Auswärts ist VX eingeritzt.

365. Teller. — Bonn.

        VIRTVSFE   *Virtus fe(cit)*

366. Teller. — Grimmlinghausen.

        VIRTVTIS   *Virtutis*

Vor dem Anfang-V ein horizontaler Strich zur Einführung des Namens.

367. Schälchen. — Grimmlinghausen.

        VITA   *Vita(lis)?*

Der Rest des Stempels ist unausgeprägt geblieben.

368. Teller. — Grimmlinghausen.

        VITALI   *Vitali(s)*

Λ ohne Querstrich. — Auswärts ΛMΛNDI X eingekratzt.

369. a. Teller. — Unbekannten Fundortes.

    b. Schälchen. ⎫
    c. Schälchen. ⎬ Grimmlinghausen.

       a. VITAL ⎫
       b. ·VITA ⎬ *Vital(is)*
       c. VITA ⎭

c. Der Horizontalstrich am Fusse des Λ zur Bezeichnung des L ist auffallend kurz.

370. Teller. — Andernach.

        VITAΛISFE   *Vitalis fe(cit)*

371. a. Grosse Schüssel. ⎫
     b. Schale. ⎬ Bonn.
     c. Teller. ⎭
     d. Schüssel. — Billig.
     e. Teller. ⎫
     f. Schälchen. ⎪
     g. Schälchen. ⎬ Bonn.
     h. Schälchen. ⎪
     i. Teller. ⎭
     k. Teller. — Remagen.

       a. OFVITALIS·P ⎫
       b. OFVIΛLS ⎪
       c. OFVITAL ⎪
       d. OF·VITA ⎬ *Of(ficina) Vitalis*
       e. OFVITA ⎪
       f. OFVITA ⎪
    g.h. OF·VITΛ ⎭

i. ϴF·VITA̱ ⎫
k. OF·VITꞞ ⎬ *Of(ficina) Vitalis*

a. Was P hinter dem Namen bezeichnet, ist mir nicht klar.

c. Der Horizontalstrich des A ist schräg von der Rechten zur Linken herabgehend gebildet. — Auswärts X eingekratzt.

h. Buecheler, B. Jahrb. LX S. 78.

i. Buecheler a. a. O. — Im O ein Punkt; die untere Hälfte des A nicht ausgeprägt.

k. Vor O ein horizontaler Strich. — Mit A scheint ein zweites T ligirt zu sein.

372. Teller. — Bonn.

VITΛLIS·OF   *Vitalis of(ficina)*

Auswärts eingekratzt: LA̱/////.

373. Teller. — Bonn.

UOCUTOSUS   *Vocutosus*

In rückläufiger Schrift. Sämmtliche V unten abgerundet.

374. a. Teller. ⎫
b. Teller. ⎬ Andernach.
c. Teller. ⎭

d. Schälchen. ⎫
e. Teller.   ⎬ Bonn.

a. XAꞚH   *Ate(i) Xanth(i)*
   Ꝃ̄

b. ·X·AꞢN ⎫
c. ·X·AꞢN ⎬ *Xanthi*

d. XΛN   *Xan(ti)*

e. —XſAꞚI   *Xsanti*

a. Koenen B. Jahrb. LXXXVI S. 164 Taf. VII, 21. — Auswärts RVS eingeritzt.

b. c. Koenen a. a. O. S. 161. In beiden Exemplaren sind die Buchstaben ANTH durch eine Ligatur ausgedrückt, welche sich typographisch nicht entsprechend wiedergeben lässt.

d. Koenen, B. Jahrb. LXXXVI S. 158 Taf. V, 44. N rückläufig gebildet.

e. Buecheler, B. Jahrb. LX S. 78. Vor X ein horizontaler Strich zur Einführung des Namens.

Vgl. C. I. L. XII n. 5686, 85. Schuermans a. a. O. n. 541.

375. Schälchen. — Grimmlinghausen.

OᴦCXΛ

Ob *Of(i)c(ina) Xa[nthi]?*

376. Schälchen. — Neuss, Bahnhof.

X II X

377. Schälchen. — Grimmlinghausen.

X II ⟆ II

Das unvollständig ausgeprägte Zeichen war X.

Verstümmelte oder unleserliche Stempel.

1. Tasse. — Asberg bei Moers.

⟨ M I ///c

Das zweitletzte Zeichen scheint A zu sein. Von dem letzten Zeichen ist bloss eine kleine Rundung vorhanden.

2. Schälchen. — Grimmlinghausen.

A ⅃ \O

Vielleicht *[C]alv(i) o(fficina)?*

3. Schale. — Köln.

/////\S T V S ⊐

Der schräge Strich vor S scheint von einem A herzurühren.

4. Teller. — Andernach.

//////A N V S

Zwei Buchstaben fehlen. Ob [M I]A N V S?

5. Teller. — Bonn.

/////\ N V S S

N und die beiden S sind rückläufig gebildet.

6. Schälchen. — Bonn.

/////'P V

Buecheler, B. Jahrb. LX S. 79. — Der erste Buchstabe scheint A oder M gewesen zu sein.

7. Schälchen. — Grimmlinghausen.

/////⋀R R A F

Ob *[S]arra f(ecit)?* Vgl. C. I. L. XII n. 5686, 785.

8. Teller. — Unbestimmten Fundorts.

///⌒I V S F

Das erste Zeichen scheint eher C als S zu sein.

9. Teller. — Asberg bei Moers.

C/////////A V

Zwischen C und den beiden letzten Buchstaben eine Lücke von 4 Buchstaben.

10. Schälchen. — Billig.

////Ռ I L!///

Das erste erhaltene Zeichen kann C oder auch F sein.

11. Teller. — Bonn.

//////C V///E

12. Tasse. — Andernach.

////ꟷI L N I

13. Flacher Teller. — Unbekannten Fundorts.

I C I A N V S

Der Anfang des Stempels scheint nicht ausgeprägt zu sein.

14. Schälchen. — Bonn.

/////ı M I F I

15. Schale. — Bonn.

/////!I N I · M

Klein, Bonn. Winckelmannsprogr. 1888 S. 40 n. 12.

16. Schälchen. — Bonn.

I L V////N

Ob [S]ILV[I]N[I]?

17. Teller. — Billig.

/////! Λ Γ

18. Tasse. — Bonn.

///' T V S

Buecheler, B. Jahrb. LX, 79, welcher beispielsweise *Acitus* ergänzte.

19. Schälchen. — Bonn.

I V I D

Das letzte Zeichen kann D sein.

20. Schälchen. — Bonn.

///L B V I A

21. Teller. — Bonn.

//////L L · F

Klein, Bonn. Winckelmannsprogr. 1888 S. 40 n. 12.

22. Schale. — Grimmlinghausen.

////M!////V B I K

23. Teller. — Bonn.

////MA R////////

Zu Anfang fehlt 1, höchstens 2 Buchstaben; der durch Krätze zerstörte Stempel scheint *Mar[tialis]* gelautet zu haben.

24. Schälchen. — Bonn.

///////////N I

25. Teller. — Pommern an der Mosel.

//////////NF

Der obere Horizontalstrich von F nur schwach erkennbar.

26. Schälchen. — Grimmlinghausen.

O F · · · M ·

Ob *Of(ficina) [Pri]m[i]?*

27. Teller. — Grimmlinghausen.

/////////N V S I

28. Teller. — Andernach.

////RICI · M

29. Schälchen. — Bonn.

////RICI · M

30. Schälchen. — Bonn.

/////RETOГ

Buecheler, B. Jahrb. LX S. 84, welcher IITOF las.

31. Schälchen. — Köln.

//////R II VS////

32. Tasse. — Bonn.

/////SSIVSEIGAN

Der Anfang des Stempels nicht ausgeprägt, ebenso das Ende.
— V unten nicht geschlossen, der unterste Horizontalstrich des E
ist herausgezogen und sehr nahe an die folgende Hasta gerückt,
das drittletzte Zeichen kann sowohl G als CI sein.

Wohl: . . . *ssius Eugam(us)?*

33. Schälchen. — Bonn.

S//////T I F

Die zwischen S und T liegenden Zeichen nicht ausgeprägt.

34. Teller. — Bonn.

//////S F ·

Buecheler, B. Jahrb. LX S. 79.

35. Teller. — Bonn.

////////S T I   Auswärts eingekratzt //////!!!VT

36. Schale. — Grimmlinghausen.

/////////STOF I

37. Schälchen. — Grimmlinghausen.

V C · ISFII

38. Schälchen. — Bonn.

////VDIVS

39. Teller. — Pommern an der Mosel.

////VRVSF

Stempel vorne abgebrochen.

40. Schälchen. — Bonn, Heerstrasse.

Völlig abgeriebener Stempel in 2 Zeilen von je 3—4 Buchstaben. Auswärts IVC eingeritzt.

IX. Gefässe aus Terra nigra mit Inschriften.

1. a. Grosse runde flache Schüssel. — Andernach.
   b. Flacher Teller. — Andernach.

   a. ACVTO
   b. ΛCVTO   } *Acut(i) o(fficina)*

   Beide Stempel sind viermal wiederholt.

   b. Kocuen, B. Jahrb. LXXXVI S. 157 u. 164. Taf. V, 35.

2. Tellerchen. — Andernach.

   ΑCVTI
   O2ΛVO

   In der zweiten Zeile S rückläufig gebildet; die Querstriche des A schief von der Rechten zur Linken hinabgehend. — Ob *Acuti o(fficina) vaso(rum)?*

3. Teller. — Andernach.

   ΛGIⱵIO   *Agili(s) o(fficina)*

   Koenen, B. Jahrb. LXXXVI S. 156, der OCITIO gelesen hat. — Die Buchstaben rückläufig gebildet.

4. Teller. — Kreuznach.

   ΛNDRo   *Andr . . . . . o(fficina)*

5. Teller. — Andernach.

   ΛTTⱯ   *Atta f(ecit)*

   Das letzte Zeichen scheint ein mit Λ ligirtes F zu sein.

6. Grosse Schüssel. — Andernach.

   CΛLΛV   dreimal wiederholt

   Calav(a). Vgl. C. I. L. XII n. 1336, 208.

7. Teller. — Kreuznach.

   CANDECO

   C im Anfang des Stempels nur schwach ausgeprägt.

52   J o s e f K l e i n :

8. Teller. — Kreuznach.

CANICOI

Ob das letzte Zeichen I oder S ist, lässt sich nicht mit Sicherheit entscheiden.

9. Teller. — Andernach.

C A R I S S O
R I T V S C I A

Der Stempel ist mir nicht verständlich.

10. Schälchen. — Andernach.

OFCATI   *Of(ficina) Cati*

11. Schälchen. — Andernach.

CERIALI·M   *Ceriali(s) ma(nu)*

12. Schälchen von dunkelbraunem Thon. — Heddesdorf bei Neuwied.

COCVSF   *Cocus f(ecit)*

Auf dem äusseren Rande ///MAIANI eingeritzt.

13. Teller. — Andernach.

COMVN////   *Com[m]un[is]*

M ist so gebildet, dass die Enden der einzelnen Striche nicht zusammenstossen. — Der Schluss des Stempels abgebrochen.

14. Flache Schüssel. — Unbekannten Fundorts.

COSIIDO   *Cosedi(i) o(fficina)?*

Der Stempel ist dreimal wiederholt. Vgl. K a m p, Die epigr. Anticaglien in Köln S. 7 n. 106.

15. Teller von grauem Thon. — Fundort: unbekannt.

DACORII   *Daco[r]ii*

Ob das fünfte Zeichen R oder B ist, ist nicht bestimmt zu unterscheiden.

16. a. Teller.   }
    b. Tasse.   }   Andernach.

a. b. ÐOƎ

17. Grosse Schüssel. — Andernach.

E ᴧᴧ A

Das zweite Zeichen könnte ein in zwei Theile zerlegtes M sein.

18. Teller. — Andernach.

IIOCIO

Der Stempel scheint nicht vollständig ausgeprägt zu sein.

19. Becher oder Urne. — Grimmlinghausen.

Unter dem Boden:

GII ʌ ʌ I V S   *Gellius*

S hat cursive Form.

20. Teller. — Köln..

I///ʌ L///ll

21. Teller. — Bonn.

I A N ʍ R I V S · F   *Ianuarius f(ecit)*

22. Flache Schüssel. — Köln.

I L L V S V S   dreimal wiederholt

S cursiv gebildet. — *Illusus.*

23. Flache Schale. — Andernach.

I N D V T I O   *Induti o(fficina)*

Koenen, B. Jahrb. LXXXVI S. 157 Taf. V, 18, nicht ganz genau; besser S. 163.

24. Kleine Tasse. — Andernach.

I O

O fast gebildet wie ein griechisches Δ.

25. a. Teller. — Köln.
    b. Teller. — Unbekannten Fundorts.

a. I O C A R A F ⎫
b. I O C A R A F ⎬ *Iocara f(ecit)*

b. Der Anfang dieses Stempels ist mangelhaft ausgeprägt.

26. Teller. — Andernach.

O F · I V C V N   *Of(ficina) Iucun(di)*

27. Teller. — Andernach.

I V . L · I o S   *Iulios*

L hat oben rechts und unten links einen Punkt.

O kleiner als die übrigen Buchstaben. — Vgl. C. I. L. VII n. 1336, 522.

28. Schüssel. — Andernach.

I V L I V S   *Iulius*

Der Stempel dreimal wiederholt. — Beide V unten nicht ganz geschlossen.

29. Teller. — Unbekannten Fundorts.

L δ ll

30. a. Tasse. ⎫
    b. Tasse. ⎬ Andernach.

a. b. M

b. Bei diesem Exemplar der Stempel zum Theil zerstört.

31. Teller. — Andernach.

N///SCᒪꤗ

Die in der Mitte fehlenden Buchstabenreste mit der Glasur abgesprungen. Wohl *M[a]scli(nus?) f(ecit)*.

32. Schälchen. — Andernach.

MEꝹꝹICF   *Meddic(us) f(ecit)*

33. Kleine Tasse. — Andernach.

MIN   *Min . . . . .*

Der Stempel ist unvollständig ausgeprägt; vor dem M noch eine schwache Spur eines vertikalen Striches, der indessen kein Buchstabenrest zu sein scheint.

34. Gefäss aus schwarzbraun glasirtem Thon. — Bonn.

MONTANI   *Montani*

Das erste N rückläufig gebildet. — Auswärts BΛIBIVT eingeritzt. Bonn. Winckelmannsprogr. 1888, S. 40.

35. Teller. — Bonn.

NERTVS

Vielleicht ist der Stempel vorne unvollständig. Nahe liegt: *Cob]nertus, Ma]nertus* u. s. w.

36. Tasse. — Andernach.

NON

Beide N sind rückläufig gebildet. — Vgl. Schuermans a. a. O. n. 3922.

37. Napf. — Andernach.

VOΛII//I

Koenen, B. Jahrb. LXXXVI, S. 166. Die erste Hasta des N ist nicht ausgeprägt. — Das Zeichen nach O kann sowohl für V als für ein mit O ligirtes N gelten, da es sehr nahe an O gerückt ist.

38. Teller. — Andernach.

OIIIᒋVS

Die Lesung ist nicht ganz zweifellos.

39. Schale. — Andernach.

PᕼISCVS   *Priscus?*

Die Lesung des Stempels ist nicht ganz sicher. P ist durch Querstrich neben der Hasta bezeichnet. Von R fehlt die Rundung. C ist fast wie O gebildet. — Auswärts ist X eingekratzt.

40. Teller. — Unbekannten Fundorts.

PVCCΛII

P ist zweifellos; V scheint aus O corrigirt zu sein. Die Lesung TOCCA scheint ausgeschlossen.

41. Gefässdeckel. — Wahrscheinlich Köln.

$$\left.\begin{array}{l}\text{)IVRIIS}\\ \overline{\text{)IVRIIS}}\end{array}\right\}\quad \textit{Servi o(fficina)}$$

Die Hälfte des O ist unausgeprägt geblieben. Derselbe Stempel bei Kamp a. a. O. S. 6 n. 57.

42. Teller. — Unbekannten Fundorts.

SICN   *S[e]c[u]n(dus)?*

N rückläufig gebildet und vielleicht mit V ligirt.

43. Urne. — Planig bei Kreuznach.

TASCO   unter dem Boden

Ob *Tasc(i)* oder *Tasc(illi) o(fficina)?* Vgl. Schuermans a. a. O. n. 5378—5383. C. I. L. VII n. 1336, 1103.

44. Teller. — Andernach.

ΓORNO   *Torno(s).*

Die vordere Hälfte des Querstrichs von T nicht ausgedrückt.

45. a. Teller.
    b. Kleine Tasse.   } Andernach.

$$\left.\begin{array}{l}\text{a. TORNOS}\\ \text{VOCARI}\\ \text{b. IORNOS}\\ \text{VOCARI}\end{array}\right\}\quad \textit{Tornos Vocari}$$

a. Koenen, B. Jahrb. LXXXVI S. 165.

b. Der ganze Stempel ist sehr undeutlich ausgeprägt. Vgl. C. I. L. VII n. 1336, 1135. Schuermans a. a. O. n. 2689.

46. Teller. — Unbekannten Fundorts.

V/Λ

Das mittlere Zeichen kann entweder für ein gestrecktes S gelten, oder es gehört zum folgenden Zeichen und ist der Vorderschenkel eines mangelhaft ausgeprägten M.

47. Kumpiger Teller. — Unbekannten Fundorts.

VΛIIVS   *Vanus.*

Der Mittelstrich des N nicht ganz deutlich; das S hat eine etwas gestreckte Form.

48. Kumpige Schüssel. — Andernach.

VΛRVS   *Và.us*

Mit rückläufiger Schrift.

49. Kumpiger Teller. — Köln, Severinsthor.

V II Λ

Der Stempel ist unvollständig ausgeprägt; das letzte Zeichen, von dem noch zwei Schrägstriche sichtbar sind, kann Λ sein.

50. Tiefe Schüssel. — Remagen.

V I Λ

Der Rest des Stempels ist unausgeprägt geblieben.

51. Kumpiger Teller. — Unbekannten Fundorts.

X I Λ

Ein ähnlicher Stempel, welcher ebenfalls unvollständig zu sein scheint, bei Kamp a. a. O. S. 8 n. 130.

Hierzu kommt noch eine beträchtliche Anzahl kaum oder gar nicht leserlicher Stempel. Von ihrer Mittheilung habe ich hier um so mehr Abstand nehmen zu müssen geglaubt, als für eine getreue Wiedergabe der graphischen Form durch den Druck, welche allein die richtige Entzifferung ermöglichen kann, die Mittel fehlten.

Nachträge.

a) Zu den Geschirren aus Terra sigillata.

Nachdem das vorstehende Verzeichniss bereits abgeschlossen und dem Drucke übergeben worden war, sind noch die nachstehenden Gefässreste aus Terra sigillata mit Stempelinschriften in das hiesige Provinzial-Museum gelangt. Sie stammen sämmtlich mit Ausnahme der unter No. 1 und 25 aufgeführten Stücke, welche in einem Grabe unweit des von Morshausen (Hunsrück, Kr. St. Goar) nach Burgen an der Mosel führenden Gemeindeweges gefunden und No. 8, 15 und 18, welche zu Merkenich unweit Köln unlängst ausgegraben worden sind, aus dem römischen Lager bei Grimmlinghausen oberhalb Neuss.

1. Schälchen. — Λ Λ///////// *Am* . . . . . .
   Das zweite Zeichen ist M gewesen.
2. Schälchen. — A Q V I T A N *Aquitan(i)*
3. Teller. — O F A Q V I A/ *Of(ficina) Aquitani*
4. Flacher Teller. — B A S S I *Bassi*
5. Schälchen. — O F B A S S I ⎫
5a. Teller. — O F B A S S I ⎬ *Of(ficina) Bassi*

6. Napf. — OFCAIVI

Die untere Hälfte der drei letzten Buchstaben ist nicht ausgeprägt. Höchst wahrscheinlich *Of(ficina) Calvi*

7. Teller. — C^NAVI/// *Canavi?*

Der zweite Buchstabe ist nicht deutlich ausgeprägt.

8. Kumpiger Teller. — CAPRASIVS *Caprasius*

Der dritte und vierte Buchstabe ist mit der Glasur theilweise zerstört. — Vgl. C. I. L. VII n. 1336, 230. Schuermans a. a. O. n. 1063.

9. Teller. — CERMNI *Germani*

Der erste Buchstabe ist ein deutliches C.

10. Schälchen. — SEXIV//////// *Sex(ti) Iu . . . . . .*

Der Rest des Stempels ist abgebrochen.

11. Näpfchen. — INGEN\/// *Ingenu(i)*

Das letzte Zeichen, welches sehr mangelhaft beim Abdruck zum Vorschein gekommen ist, ist V.

12. Schale. — OFIVCVNDI *Of(ficina) Iucundi*

13. Schälchen. — OFIVCVN

Die beiden letzten Buchstaben des Stempels sind nur schwach zum Vorschein gekommen; es lässt sich daher auch nicht entscheiden, ob N mit D in einem Zeichen ligirt war.

14. Teller. — OF-LABIO *Of(ficina) Labio(nis)*

Die untere Hälfte des Schluss-O ist abgebrochen.

15. Kumpiger Teller. — LVCIVSI// *Lucius f(ecit)*

Das letzte Zeichen, welches F war, ist mangelhaft ausgeprägt. — Vgl. Schuermans a. a. O. n. 3056.

16. Teller. — OF·MCCAR *Of(ficina) Maccar(i)*

Der Punkt nach F ist, was sich durch den Druck nicht wiedergeben lässt, unter den unteren Horizontalstrich des F gesetzt.

17. Tasse. — MEÐÐIRIVSF *Meddirius f(ecit)*

Beide D sind gestrichen.

18. Schale. — MINVTVS *Minutus*

S ist rückläufig gebildet.

19. Teller. —)FMVRR////////

Die untere Hälfte der vier ersten Buchstaben ist jetzt ausgebrochen, ferner sind die beiden ersten Zeichen OF sehr undeutlich ausgeprägt.

20. Teller. — OF·PRIM *Of(ficina) Prim(i)*

21. Ornamentirte Schale. — ///FPRIMI *[O]f(ficina) Primi*

22. Teller. — ///⌐ ᴀ R T ᴠ S F   *[Q]uartus f(ecit)*
Von Q ist bloss ein Rest des Schwanzes sowie von dem darauf
folgenden mit A ligirten V der untere Theil des ersten Schenkels
erhalten; das Uebrige abgebrochen.

23. Tasse. — Q V I//N   *Quin[ti?]*
Zwischen I und N ist ein. grösserer Zwischenraum als zwischen
den übrigen Buchstaben; indessen scheint nichts zu fehlen. — I ist
nur sehr schwach erkennbar.

24. Schälchen. — S A L V E T V   *Salve tu?*
Vgl. C. I. L. XII n. 5686, 780. Schuermans, Sigles fig.
n. 4895.

25. Teller. — S V C C E S S I   *Successi*
Vgl. Jahresbericht der Gesellsch. f. nützl. Forschung. zu Trier
1863/64 S. 36.

26. Ornamentirte tiefe Schale. — O F · V I T ᴀ ·
Der Horizontalstrich des T ist sehr kurz gebildet; ᴧ hat keinen Querstrich.

27. Teller. — X ᴄ ᴀ ꓓ I   Rosette   *Xsanthi*
Der Stempel hat die Gestalt eines rechten Fusses, dessen Ze-
hen die Rosette bedeckt. — Die Buchstaben ANTH sind in einem
Zeichen verbunden.

b) Zu den Thongefässen mit eingekratzten Inschriften.

Für die in diesen Jahrbüchern Heft LXXXVII S. 80 f. ver-
öffentlichte Inschrift, deren Züge freilich nicht genau typographisch
wiedergegeben sind, hat mir kürzlich Herr Dr. Bone in Düsseldorf
eine Deutung mitgetheilt, welche ich mit seiner gütigen Erlaubniss
hier gebe, nämlich
Ung(uentum) Luximi.
Nach nochmaliger Besichtigung des Originals kann ich diese
Lesung bestätigen; nur scheinen mir die Zeichen am Schluss des
zweiten Wortes nicht sowohl ein einfaches I als vielmehr U oder L
mit herabgezogenem Horizontalstrich und folgendem I zu sein.

c) Zu sonstigen Thongefässen mit Inschrift.

Unter dem neuesten Zuwachs, welchen das hiesige Provinzial-
museum durch die Ausgrabungen im Römerlager bei Grimmlinghausen erhalten hat, befindet sich unter Anderem auch ein Bruch-,
stück einer jener Tigel aus weissem Thon mit umfallendem Rande

und Ausguss an der einen Seite, welche man vielfach für Mörser erklärt hat. Vgl. C. I. L. X p. 864. Zu beiden Seiten des Ausgusses findet sich, wie die nachstehende Abbildung zeigt, der Name des Fabrikanten

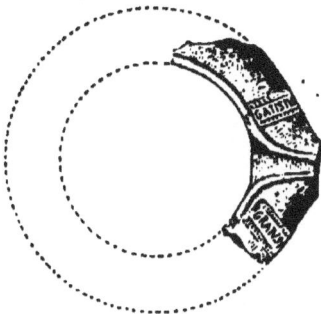

¹/₈ n. Gr.

n. Gr.

G·ATISIVS ˙ GRATVS·I///

also *C. Atisius Gratus f(ecit)*, in sehr schönen Zügen eingedrückt. Dieser Fabrikant ist schon durch ähnliche Geschirre aus dem Narbonensischen Gallien bekannt (C. I. L. XII n. 5685, 3), durch welche zugleich erhärtet wird, dass das nach *Gratus* auf unserem Exemplar unvollständig ausgeprägte Zeichen F = *f(ecit)* ist.

www.ingramcontent.com/pod-product-compliance
Lightning Source LLC
Chambersburg PA
CBHW022027080426
42733CB00007B/760

* 9 7 8 3 7 4 3 6 5 2 0 8 8 *